Ces gens

qui remettent tout à demain

www.quebecloisirs.com

UNE ÉDITION DU CLUB QUÉBEC LOISIRS INC.
© Avec l'autorisation des Éditions de l'Homme
Titre original: The Procrastinator's Handbook
© 2000, Rita Emmett
© 2001, Les Éditions de l'Homme pour la trad. Française
ISBN 2-89430-500-1
(publié précédemment sous ISBN 2-7619-1589-5)

Imprimé au Canada

RITA EMMETT

Ces gens
qui remettent
tout à demain

Traduit de l'américain
par Normand Paiement

Introduction

Avez-vous tendance à remettre à plus tard la réalisation de projets importants? Vous arrive-t-il de vous sentir coupable ou angoissé chaque fois que vous désirez ou que vous devez entreprendre quelque chose et que vous n'y arrivez tout simplement pas? Avez-vous l'habitude de temporiser au point de rendre fous de rage votre famille et vos amis, aussi bien que vos proches collaborateurs?

Aussi étonnant que cela puisse paraître, un tel comportement est susceptible de chambouler votre vie tout entière. Outre que le stress, la maladie et une baisse de votre amour-propre en sont les conséquences inévitables, la temporisation a aussi pour effet de vous empêcher d'atteindre vos objectifs et de réaliser vos rêves les plus chers. Si vous répondez par l'affirmative à l'une ou l'autre des questions suivantes, vous saurez que vous n'êtes que l'une des trop nombreuses victimes de ce que l'on nomme la procrastination:

- Vous arrive-t-il, pour la simple raison que vous négligez de vous occuper à temps de vos finances personnelles, de devoir payer des frais pour avoir émis des chèques sans provision et réglé vos factures en retard, ou de devoir verser des intérêts élevés sur le solde de vos cartes de crédit? Avec comme conséquence que votre bel argent part en fumée sans que vous parveniez jamais à reprendre le dessus?

- Envisagez-vous d'entreprendre un programme d'exercices ou d'adopter des habitudes de vie plus saines, ou plus simplement de consulter votre médecin ou votre dentiste, sans parvenir pour autant à passer à l'action ?
- Lorsque votre regard se pose sur votre bureau, la table de votre salle à manger, votre bibliothèque, vos armoires et placards ou vos parquets, avez-vous l'impression que le chaos s'est installé à demeure chez vous ? Ce désordre ambiant affecte-t-il votre état d'esprit au point où vous vous sentez submergé et découragé à l'idée que la situation vous échappe complètement ?

Rassurez-vous, votre cas n'est pas tout à fait désespéré. Cet ouvrage aborde de front la pénible – mais également fascinante et parfois amusante – question de la procrastination. Vous y apprendrez comment cesser de temporiser, comment passer efficacement à l'action et comment définir vos priorités en fonction de vos objectifs et de vos valeurs.

À titre de conférencière, j'enseigne partout aux États-Unis les bases de la lutte contre la procrastination et je propose des stratégies conçues à cette fin. À l'époque où je donnais encore des séminaires sur la gestion du temps, beaucoup de gens venaient me trouver en affirmant qu'ils ne voyaient pas l'intérêt de s'inscrire à mes cours sous prétexte que «ces trucs-là ne fonctionnent jamais pour moi». Un entretien avec eux me permettait de découvrir qu'il s'agissait de temporisateurs invétérés dont les besoins spécifiques n'étaient pris en compte par aucun livre ou atelier traitant de l'art de gérer son temps.

Les gens qui tirent profit des cours de gestion du temps me font penser à un groupe de personnes qui auraient décidé de faire une excursion à vélo. Elles connaissent déjà leur destination ; leurs bicyclettes sont en état de rouler et les notions qu'elles ont acquises correspondent à la carte qui leur indiquera la route à suivre.

Les temporisateurs, eux, avancent sans se presser le long de la même piste cyclable. Toutefois, outre qu'ils n'ont pas encore d'idée précise sur la direction à prendre, ils ont oublié d'emmener leur vélo, qui de toute façon est en panne à cause d'un pneu crevé qu'ils n'ont toujours pas eu l'occasion de réparer. Une carte leur indiquant la route à suivre (à savoir les principes qui gouvernent la gestion du temps) n'a donc pour eux que fort peu d'utilité. Aussi est-ce à leur intention que j'ai mis au point des ateliers traitant spécifiquement du problème de la procrastination et que j'ai écrit cet ouvrage.

Lorsque les gens s'inscrivent à mes cours, les premières questions qu'ils me posent sont généralement: «Est-il possible d'arrêter un jour de tout remettre au lendemain?» et «Existe-t-il un moyen de modifier en profondeur sa personnalité ou son caractère?»

Sachez-le, temporiser n'est pas une question de personnalité ou de caractère! Il s'agit simplement d'une habitude, d'une attitude mentale. Or, il est possible de modifier son comportement. J'en veux pour preuve que des millions de gens de par le monde ont déjà cessé de fumer, en dépit du fait qu'il s'agit là d'une habitude dont il est extrêmement difficile de se départir. De même, il est possible de changer sa manière de voir les choses. Vous connaissez très certainement de ces personnes qui déclaraient que le magnétoscope ou l'ordinateur étaient des objets inutiles et qui, des années plus tard, sont incapables de se passer de ces instruments merveilleux!

Je vous parle de procrastination par expérience, car j'étais de ceux qui remettent invariablement tout au lendemain. Le présent ouvrage correspond à ce que j'aurais souhaité avoir sous la main à l'époque où je me débattais toute seule pour m'en sortir et mettre sur pied mes premiers séminaires. Les seuls livres du genre s'adressaient alors à des psychologues: ils étaient particulièrement rébarbatifs!

Aussi loin que mes souvenirs remontent, j'avais recours à toutes les excuses possibles et imaginables pour laisser traîner les choses en longueur, tout en me sentant coupable d'agir ainsi. J'étais encore étudiante quand je me suis mariée et que j'ai obtenu un emploi tout en poursuivant mes cours à temps partiel. Mais, après la naissance de notre fils Robby, j'ai décidé d'interrompre mes études et d'arrêter de travailler pour devenir mère au foyer à temps plein. Il me restait un semestre à terminer et j'avais la certitude d'y parvenir aussitôt que bébé atteindrait un âge approprié. Toutefois, comme j'étais une temporisatrice invétérée, je n'ai pas suivi un seul cours durant les sept années que j'ai passées à élever mon fils et sa sœur cadette Kerry.

J'ai ensuite obtenu un poste pour lequel on exigeait un diplôme universitaire. Le moment venu pour moi de m'inscrire à mon dernier semestre d'études se présenta… et je loupai l'occasion. Je me suis contentée d'éprouver un sentiment de culpabilité et de présenter mes plus plates excuses à mon patron.

Ce ne sont pourtant pas les précieux conseils qui ont manqué de part et d'autre. Cela n'a rien changé à mes habitudes.

À cette époque, j'ai lu un livre consacré à la gestion du temps dans lequel on prétendait que les gens temporisent pour l'une ou l'autre des deux raisons suivantes : soit parce qu'ils se sentent submergés par le travail à accomplir, soit parce que la tâche les rebute. Or, devoir poursuivre des études pendant encore six mois ne m'apparaissait pas comme une corvée insurmontable ou pénible en soi. J'ai compris, d'après ma propre expérience, que la procrastination peut avoir de multiples causes autres que ces deux-là, à commencer par la peur.

J'étais en effet terrifiée à l'idée de retourner à l'université. Je me suis rendu compte que je craignais en réalité plusieurs choses : de subir un échec ; de me sentir rejetée ; d'avoir l'air idiote ; de devoir me mesurer à des jeunes de dix-neuf ans ; de découvrir que mon cerveau s'était ramolli au point où j'étais devenue stupide ; d'avoir à expliquer à mes enfants que j'avais obtenu de mauvaises notes en classe ; de ne pouvoir trouver le temps nécessaire pour faire mes devoirs ; de passer pour une de ces mères indignes qui négligent leur progéniture pour se consacrer à leurs études.

Ces craintes ont constitué pour moi un puissant inhibiteur dont j'ignorais l'existence, jusqu'au jour où j'ai entrepris d'en faire l'inventaire. À compter de cet instant, j'ai pu les classifier, en parler, les regarder en face, me colleter avec elles, chercher des solutions à mes problèmes et, enfin, passer à une nouvelle étape de ma vie. J'ai commencé à appliquer tous les principes que vous retrouverez plus loin (un chapitre complet est d'ailleurs consacré aux peurs inhibitrices).

Les résultats parlent d'eux-mêmes. Après un an d'efforts soutenus, j'ai obtenu avec fierté le diplôme tant convoité. Cinq ans plus tard, j'ai même décroché une maîtrise, sans avoir pour autant cessé de travailler et d'élever ma famille. Quand on a compris comment vaincre la procrastination, plus aucun obstacle ne semble insurmontable !

Désormais, et depuis des années, je suis une temporisatrice qui se soigne. Lorsque j'ai commencé à appliquer les principes décrits dans ce livre, j'espérais tout au plus qu'ils m'aideraient à accomplir à temps certaines tâches, telles les courses et corvées habituelles, voire à atteindre quelques objectifs importants. À mesure, toutefois, que je renonçais à ma vieille habitude de tout ajourner, je réussissais à réaliser des changements majeurs dans ma vie. Avec le temps, ma vie s'est en fait transformée du tout au tout.

Et il peut en être de même pour vous.

À l'aide de ce livre, vous aussi serez bientôt en mesure :

- de comprendre et de modifier les mécanismes de pensée qui entravent votre action ;
- de reconnaître les détours et les faux-fuyants dont vous usez pour justifier vos atermoiements ;
- d'utiliser des méthodes qui ont fait leurs preuves contre la procrastination ;

- de mettre au point des stratégies qui vous permettront de surmonter les obstacles et de résister à la tentation de revenir à vos vieilles habitudes ;
- de concevoir des plans d'action adaptés à vos besoins.

Les anecdotes contenues dans ce livre sont destinées à vous permettre de vous identifier à des personnes ayant réussi à vaincre leur habitude de temporiser. Chaque chapitre renferme par ailleurs des pensées susceptibles de vous stimuler et de vous inciter à persévérer. Si l'une ou l'autre de ces citations vous inspire plus particulièrement, n'hésitez pas à la recopier et à l'afficher en un lieu où elle accrochera fréquemment votre regard.

À la fin de chaque chapitre se trouve une section intitulée «Exercice pratique». Elle vous aidera à mieux appliquer à votre vie de tous les jours les conseils contenus dans le chapitre en question. Suivez les instructions fournies et vous serez bientôt en mesure de constater à quel point vos progrès sont réels. Si vous détestez ce genre d'exercices, prenez au moins la peine d'y jeter un coup d'œil, ne serait-ce que pour vous rendre compte par vous-même de l'intérêt et du plaisir qu'on peut y trouver.

Que vous soyez du genre à temporiser en toutes circonstances, assez régulièrement ou simplement à l'occasion, vous trouverez ici une aide précieuse. Il ne saurait y avoir pour vous de meilleur moment pour lire ce livre parfaitement adapté à vos besoins. Car voici enfin venu le temps pour vous de vous sortir de l'enfer dans lequel votre procrastination vous a plongé jusqu'à présent. Agissez donc… sans plus tarder !

PREMIÈRE PARTIE

Mieux comprendre
ce qu'est la procrastination

CHAPITRE 1

Surmontez la peur que vous inspirent les tâches à accomplir

*Loi d'Emmett : On dépense davantage de temps et d'énergie
en vivant dans la crainte d'une tâche à accomplir
qu'en l'accomplissant tout bonnement.*

Combien d'énergie gaspillez-vous à éprouver angoisse et culpabilité chaque fois que vous remettez à plus tard une corvée qui, en fin de compte, s'accomplit en un rien de temps ?

Au cours d'un de mes séminaires, David, gérant des ventes responsable de cinquante-huit représentants, me raconta l'anecdote suivante : il avait acheté pour plusieurs centaines de dollars de cadres comportant des pensées positives destinés à orner les bureaux du futur siège de la société qui l'employait. Cinq mois après le transfert, les murs du service des ventes étaient toujours aussi nus, les tableaux s'empoussiéraient dans des placards et David attendait, avant de les accrocher, d'avoir une journée entière à sa disposition.

Il refusait de confier le travail au personnel d'entretien ou à qui que ce soit d'autre, car il appréhendait de retrouver les cadres aux mauvais endroits et de devoir les changer de place par la suite, ce qui laisserait inévitablement de vilaines traces sur les murs. Quand il en eut marre d'entendre des remarques désobligeantes sur l'absence de décoration dans son service, David décida de prendre chaque jour un peu de temps sur son heure de déjeuner pour accrocher les tableaux. Quand tout fut terminé, les lieux faisaient sensation et chacun admirait la beauté et la pertinence des pensées affichées, cependant que David restait abasourdi de voir que le travail en question — qu'il remettait depuis près de six mois — ne lui avait pris en tout et pour tout que 47 minutes.

Les gens qui craignent de passer à l'action ont en général une idée erronée du temps qu'il leur faudra réellement pour accomplir les tâches qui les rebutent. Votre vie est-elle devenue un enfer simplement parce que vous négligez un problème que vous pourriez résoudre en moins de quinze minutes ? Vous êtes peut-être une personne extrêmement occupée, mais savez-vous qu'il faut moins de deux minutes pour suspendre vos vêtements dans la penderie ou les mettre dans le panier à linge ?

Devez-vous constamment fouiller dans le tas de paperasse qui s'amoncelle sur votre bureau ? Vous dépensez probablement plus de temps chaque jour à agir de la sorte qu'il ne vous en faudrait pour décider une bonne fois pour toutes de trier, de ranger, de jeter ou de recycler tous ces papiers.

Il se pourrait que vous temporisiez de peur d'avoir à consacrer tout un week-end à faire le ménage dans votre sous-sol ou votre garage, ou de devoir passer tout un après-midi à écrire une lettre à un client. Remettez-vous une tâche à plus tard parce que vous craignez de ne pas disposer du temps nécessaire pour la mener à bien ? Sachez tout d'abord que vous aurez besoin de beaucoup moins de temps que vous ne l'imaginez.

Munissez-vous ensuite d'un simple minuteur. Peut-être n'avez-vous pas tout un week-end à votre disposition pour vous attaquer à un problème particulier, mais vous pouvez très certainement y consacrer une heure. (Certes, il arrive à certains temporisateurs impénitents de faire un nombre si fréquent de pauses qu'un projet d'une heure restera inachevé même après trois mois.) Faites donc en sorte de programmer votre minuteur pour 60 minutes et attelez-vous à la tâche *sans vous interrompre* une seconde. Interdiction de faire des pauses-café. Interdiction de téléphoner. Si vous ne disposez pas d'un répondeur et que le téléphone sonne, décrochez et faites savoir à votre interlocuteur, en utilisant un ton de voix correspondant au sentiment d'urgence qui vous habite, qu'il vous est impossible de lui parler sur l'heure mais que vous le rappellerez plus tard.

Il se produira alors l'une ou l'autre des trois choses suivantes :

1. Vous serez étonné de constater à quel point il vous aura fallu très peu de temps pour terminer ce que vous aurez entrepris. Rappelez-vous désormais, quand vous craindrez d'entreprendre une tâche similaire, que « ça ne prend que 32 minutes » (ou le nombre de minutes exactes qui vous auront été nécessaires).

2. Vous serez forcé d'admettre que l'ampleur du projet est telle qu'il vous faudra encore bien des heures pour le mener à terme, mais au moins vous aurez commencé le boulot. Décidez sur-le-champ à quel moment vous comptez remettre ça pour encore une heure. Allez-vous utiliser le minuteur une fois par jour ? une fois par semaine ? Comptez-vous vous atteler de nouveau à la tâche de manière sporadique ? Vous avez désormais un emploi du temps à portée de la main, sans compter que vous avez accompli une partie du travail. Vous avez terrassé le monstre de la peur : vous avez droit à une pause bien méritée !

3. Même si vous n'avez pas fini au bout d'une heure, vous voyez au moins la lumière au bout du tunnel. C'est le scénario le plus probable. Une fois que vous aurez atteint votre rythme de croisière, vous ne voudrez plus vous arrêter. Vous prendrez vraisemblablement plaisir à mener le projet à son terme.

Peu importent les résultats que vous obtiendrez en une heure, vous aurez appris une des plus importantes leçons qu'on doit connaître lorsqu'on entend vaincre la procrastination : on craint moins de devoir consacrer temps et énergie à une tâche que de se mettre tout simplement au travail.

CES TÂCHES QUI REBUTENT

On a généralement tendance à oublier que l'une des principales causes de la procrastination tient au fait que la tâche à accomplir est désagréable. Ainsi, Thierry ne trouve jamais le temps d'entretenir sa voiture parce que cela lui semble une corvée ; Debbie néglige ses cours de gymnastique parce que faire de l'exercice l'ennuie ; Thomas tarde à relancer une cliente au sujet de sa déclaration de revenus parce qu'il déteste être porteur de mauvaises nouvelles.

Il est parfaitement humain de remettre à plus tard ce que nous n'aimons pas accomplir. Mais la vie est ainsi faite que nous sommes parfois envahis par des tâches pénibles, désagréables et ennuyantes. Or, si nous ne nous en chargeons pas à temps, elles deviennent une source de stress, ainsi que de problèmes susceptibles de nous rattraper à court ou à long terme.

Ainsi, à court terme, l'auto de Thierry risque de tomber en panne au moment le plus inopportun, et la cliente de Thomas risque de lui manifester son mécontentement pour avoir négligé de l'appeler à temps. À long terme, Thierry pourrait bien être obligé de remplacer sa voiture avant d'en avoir réellement les moyens, alors que Thomas pourrait perdre une cliente insatisfaite (qui fera remplir sa déclaration par un concurrent) et, par la même occasion, une source de revenus.

Reporter une tâche susceptible d'avoir des effets à long terme est tout ce qu'il y a de plus facile et de plus courant. Bien des gens croient pouvoir se passer indéfiniment d'un programme d'exercices, et c'est ce qu'ils font. Ils s'imaginent qu'ils n'auront jamais à en subir les conséquences, sauf que les problèmes de santé font inévitablement leur apparition dans leur vie. Tôt ou tard, il y a un prix à payer pour avoir négligé d'effectuer à temps une besogne désagréable.

Quelle est la solution à ce problème ? Avant d'établir un plan d'action, faisons le point sur certains états d'esprit qui favorisent l'habitude de temporiser.

Sachez-le, personne sur cette planète ne mène une vie de félicité dont les désagréments seraient totalement absents. Comme l'écrit Scott Peck dès la première ligne de son livre *Le chemin le moins fréquenté* : « la vie est difficile ». Si vous êtes à la recherche de l'emploi idéal ou d'un style de vie idéal d'où seraient bannies à jamais les contrariétés, vous perdez votre temps : cela n'existe pas. Acceptez donc le fait que, pour pouvoir fonctionner dans la vie, vous devrez tôt ou tard accomplir des tâches pénibles et ennuyantes.

« Je déteste faire ce boulot mais je n'ai pas le choix, alors autant le faire maintenant afin d'en être débarrassé rapidement. » Le jour où vous serez persuadé de la justesse de cette maxime, vous vous libérerez de l'angoisse et de la culpabilité qu'engendre l'habitude de temporiser. Une fois cette étape franchie, vous serez en mesure d'agir avec une efficacité inégalée, qui vous permettra du coup d'atteindre un degré de bien-être et de liberté jusque-là insoupçonné.

Un travail désagréable peut par ailleurs déboucher sur un résultat agréable, ou tout au moins procurer un sentiment de satisfaction lorsqu'il est terminé. On éprouve un soulagement bienfaisant après avoir réglé ses dettes, après avoir passé un coup de fil à une personne qu'on n'osait appeler ou après avoir terminé un projet. Même si votre patron néglige de vous féliciter pour lui avoir soumis un rapport avant la date prévue, c'est vous qui savourez votre exploit et en retirez pleine et entière satisfaction.

C'est fou le nombre de sentiments agréables que des tâches pénibles ou ennuyeuses peuvent engendrer! Lorsque vous serez disposé à modifier votre attitude à l'égard des corvées désagréables et à accepter simplement de les faire, vous connaîtrez l'un des secrets qui vous permettront de vaincre enfin la procrastination (et que l'on serine habituellement aux enfants), à savoir : commencez d'abord par faire ce qui vous déplaît le plus.

Jeanne, qui a également participé à un de mes séminaires, a mis sur pied une agence de placement qui connaît beaucoup de succès. Au cours de la première année d'existence de son entreprise, elle suivit mon conseil et fut bientôt surprise de constater avec quelle rapidité elle acquit la bonne habitude de s'attaquer en premier aux tâches qui la rebutaient le plus. Ce que Jeanne détestait par-dessus tout, c'était de solliciter les gens au téléphone. Elle se plongeait dans sa paperasse ou se consacrait à diverses tâches administratives, avec comme résultat qu'à la fin de la journée elle n'avait pas donné un seul coup de fil à un client potentiel. Même après le travail, elle était habitée par la crainte, l'anxiété et la culpabilité que lui causaient ses atermoiements. Parfois, juste avant de s'endormir, elle se reprochait encore de ne pas avoir fait d'appel de la journée.

Lorsque je lui suggérai de se défaire de ce fardeau dès son arrivée au bureau, elle se montra d'abord réticente à cette idée. Elle accepta néanmoins de s'y mettre pendant les trois semaines qui suivirent. Chaque jour, elle consacrait sa matinée à faire de la sollicitation téléphonique; elle avait inscrit cette tâche à son agenda et disposé à divers endroits sur son bureau des pense-bêtes l'encourageant à s'en tenir à son engagement. Après trois semaines d'essai, elle avait pris l'habitude de s'acquitter de cette corvée tant redoutée dès le début de la journée. Cela fait à présent partie de son train-train quotidien. Elle n'a plus cette épée de Damoclès suspendue au-dessus de sa tête toute la journée durant, qui engendrait chez elle angoisse et culpabilité, sans compter qu'elle réussit de cette manière à dénicher davantage de clients potentiels. Elle atteint régulièrement ses objectifs de vente, et son agence de placement est devenue l'une des plus prospères et des plus respectées de sa ville.

★★★

Il est extrêmement difficile, au début, de se forcer à accomplir les tâches rébarbatives en premier. Mais cela peut très vite devenir une habitude. Et c'est alors que les choses deviennent plus faciles. La tergiversation étant avant tout un jeu de l'esprit, il est possible d'amener votre esprit à en changer les règles. Au lieu de vous attarder sur les sentiments désagréables que la tâche à accomplir vous inspire, songez aux sentiments agréables que vous éprouverez quand tout sera terminé. Songez à la récompense qui vous attend. Imaginez le soulagement et le sentiment du devoir accompli que vous éprouverez alors.

Au lieu de penser : « Pauvre de moi ! me voilà encore aux prises avec cette corvée détestable », dites-vous plutôt : « Quand j'en aurai fini avec ce boulot, je vais m'éclater ! » Laissez aller votre imagination. Voyez-vous en train de raconter vos exploits à vos amis. Imaginez que vos prouesses feront la une de tous les journaux. Faites appel à votre cerveau et à votre imagination afin de changer à tout jamais les règles du jeu de la procrastination.

Comment rendre plus agréables des tâches ennuyeuses

Votre habitude de remettre à plus tard les tâches qui vous incombent vient-elle de ce que ces dernières vous ennuient profondément ? Que pouvez-vous faire pour les rendre moins pénibles ? Pourquoi ne pas écouter de la musique tout en les effectuant ? Je connais une comptable du nom de Michèle qui écoute la radio tout en classant ses documents et en consultant son courrier électronique. Tanya m'a raconté quant à elle que ses enfants avaient l'habitude d'écouter de la musique tout en nettoyant le garage, en jardinant ou en tondant la pelouse. Elle leur a d'abord intimé l'ordre de baisser le volume, mais elle avoue avoir compris à présent que la musique (y compris celle que ses enfants adorent) peut avoir un effet stimulant.

Afin de vous rendre la tâche plus facile, installez-vous devant la télé et vérifiez le solde de votre compte-chèques, rédigez votre correspondance ou faites le ménage dans votre classeur durant les pauses publicitaires ! Appelez vos amis ou les membres de votre famille tout en lavant la vaisselle, en pliant vos vêtements, en récurant la cuisine ou en accomplissant toute autre besogne du genre.

Vous avez entendu parler de l'époque des corvées, alors que les premiers colons s'assemblaient pour bâtir une grange, par exemple ? Essayez d'en faire autant en compagnie de parents ou d'amis. Le temps file à une vitesse incroyable quand on est plusieurs à accomplir une même tâche !

Prenez exemple sur deux de mes voisines qui ont décidé de se réunir dans la cuisine de l'une et de l'autre à tour de rôle afin de préparer de la confiture et des conserves à partir des fruits et légumes de leur jardin respectif. Elles se sont également mises à la couture, utilisant le même tissu pour se confectionner des uniformes. Elles ont du plaisir à se rendre visite, leurs enfants jouent ensemble et, à la fin de la journée, elles ont accompli passablement de boulot tout en échangeant de précieux conseils.

De même, la directrice des relations publiques d'un service de conférenciers détestait préparer les dossiers de présentation. À présent, elle et l'agent publicitaire de l'entreprise se réunissent pour vérifier les documents, les plier et les insérer dans des pochettes, tout en échangeant leurs idées sur de futures campagnes de publicité.

QUELLE EST LA PARTIE DU TRAVAIL QUI VOUS REBUTE ?

Vous arrive-t-il parfois de temporiser parce qu'un aspect du travail à accomplir vous déplaît souverainement ? Si tel est le cas, commencez par là ! Imaginons que vous détestiez rédiger les procès-verbaux des réunions de votre comité sous prétexte que les chiffres vous rendent malade. Pourquoi ne pas tenter de trouver un moyen pratique de réunir ce type d'information plutôt que d'attendre avant de rédiger votre compte rendu ?

S'il vous semble difficile de vous rappeler les appels que vous devez faire, vérifiez si vous ne trouveriez pas dans une papeterie quelque gadget susceptible de vous aider à le faire. Si votre employeur ne vous fournit pas le matériel ou l'équipement dont vous avez besoin pour mieux accomplir votre travail, faites-en l'acquisition pour vous-même. Vous le méritez. Il s'agit d'un investissement qui vous fera gagner du temps et vous évitera bien des frustrations et, à long terme, bien des désagréments, en plus de signaler à votre patron que vous savez prendre des initiatives et régler les problèmes qui se présentent à vous.

Suzanne travaillait dans un centre universitaire et faisait preuve d'une grande productivité dans la plupart des domaines, sauf lorsque venait le moment de faire la promotion d'événements spéciaux. Elle s'en occupait à la dernière minute, de sorte que la population n'était pas informée à temps et que la participation du public à ces activités restait faible. Après examen de la situation, Suzanne se rendit compte qu'elle ne supportait pas l'attitude arrogante d'un des graphistes avec lesquels elle devait collaborer. Elle était gênée d'admettre qu'elle compromettait la réalisation d'un projet tout entier pour la seule raison qu'elle redoutait d'avoir affaire à cet homme à l'occasion. Elle songea d'abord à demander à l'un de ses confrères de s'en charger à sa place afin d'éviter tout contact avec l'insupportable personnage, mais elle choisit de n'en rien faire. Elle connaissait le problème et décida de le régler elle-même. Elle fit en sorte de s'occuper des problèmes de graphisme dès le début de la journée (afin de s'en débarrasser). Ce n'est que lorsque la pression devenait trop forte qu'elle demandait de l'aide à un collaborateur. Elle s'est ainsi rendu compte peu à peu qu'elle adorait s'occuper de la publicité. Aujourd'hui encore, elle s'étonne à l'idée qu'elle ait pu négliger cet aspect de son travail.

L'astuce consiste donc à identifier la partie de votre boulot qui vous rebute et à utiliser votre imagination pour trouver un moyen de rendre cette portion du travail moins pénible.

LOCALISEZ LA SOURCE DE VOS ENNUIS

Certains temporisent à propos de tout et de rien, alors que d'autres ne le font que dans certains domaines. D'ailleurs, le seul fait de songer à ces «points sensibles» les rend malades.

Afin de bien identifier ce qui pose problème, indiquez par écrit quelles tâches constituent pour vous une source d'anxiété. Elles peuvent être d'ordre saisonnier : défaire les décorations de Noël, faire l'inventaire, entreprendre le ménage du printemps, remplir les déclarations de revenus, etc. Ou encore elles peuvent faire partie de votre quotidien.

Une représentante commerciale du nom d'Hélène, qui effectuait par ailleurs un excellent travail, était une temporisatrice impénitente. Sa maison (de même que sa vie privée) était sens dessus dessous. Elle éprouvait notamment d'énormes difficultés à expédier son courrier. Elle pouvait rédiger une touchante lettre à une amie et en éprouver un immense bonheur. Mais, trois semaines plus tard, la lettre n'était toujours pas postée, soit parce qu'elle ne parvenait pas à retrouver l'adresse de sa correspondante, soit parce qu'elle n'arrivait tout simplement pas à dénicher un timbre et une enveloppe.

Elle finit par trouver une solution à ce problème. Chaque fois qu'elle lisait un article sur la gestion du temps ou l'art de s'organiser, on y faisait état de la nécessité de disposer d'un bureau dans lequel ranger ses affaires. Comme elle ne travaillait pas au bureau, elle n'avait pas de pupitre à elle et avait toujours cru qu'elle pouvait s'en passer. En y réfléchissant bien, toutefois, elle se rendit compte qu'elle serait en proie à l'agitation et à la frustration chaque fois qu'elle aurait du courrier à expédier. Elle crut d'abord qu'elle détestait payer ses factures parce qu'elle ne voulait pas dépenser son argent. En réalité, son problème était dû à son incapacité de réunir carnet de chèques, factures, stylos, timbres et enveloppes. Elle prit donc la décision de s'acheter un bureau.

PETIT CONSEIL

Procurez-vous ce dont vous avez besoin
pour régler vos petits problèmes.
Le bonheur consiste parfois à posséder une deuxième paire
de ciseaux ou quelques rouleaux de ruban adhésif en réserve.

«L'achat de ce bureau a fait toute la différence au monde, raconte Hélène. Il est devenu le centre nerveux de toute la maison. J'y ai rangé de grandes et petites enveloppes, du papier à lettres, un carnet d'adresses, des stylos, des crayons, un taille-crayon, des timbres, des ciseaux, du ruban adhésif et divers autres articles de bureau conçus pour vous faciliter la vie.»

Après cette acquisition qui transforma sa vie, elle se procura également un petit classeur dans lequel elle rangea soigneusement tous les papiers qui s'empilaient un peu partout chez elle. Son problème disparut comme par enchantement; depuis, elle expédie son courrier et règle ses factures à temps.

★★★

Au cours d'un de mes séminaires, Larry confia qu'en tant que rédacteur en chef de journal il est quelqu'un d'efficace et de bien organisé. Il éprouve toutefois de la difficulté à remettre à temps cartes et cadeaux d'anniversaire à ses parents et amis. Il néglige de les acheter à temps ou, lorsqu'il y arrive, il les égare chez lui, de sorte qu'ils ne parviennent jamais à leur destinataire. Huit autres participants avouèrent être dans le même cas et se montrèrent étonnés de constater qu'ils n'étaient pas les seuls à agir de la sorte.

Une fois qu'ils se furent tous exprimés, la solution leur apparut, toute simple : trouver un endroit où remiser les présents (un placard, par exemple, ou, au besoin, une étagère hors de la portée des enfants) et un autre où ranger les cartes de souhaits (un tiroir ou une boîte à chaussures vide, par exemple). Ainsi, ils ne se perdront pas. À l'approche de l'anniversaire d'un parent, il suffit de récupérer carte et cadeau aux endroits prévus et le problème sera réglé.

Le jour où mon voisin Léon décida de localiser la source de ses ennuis, il comprit qu'il laissait traîner les choses qui avaient besoin de réparation. Mais le vrai problème était qu'il n'arrivait jamais à trouver les accessoires nécessaires. Un été, il prit la peine de construire un atelier dans son garage, dont il couvrit les murs de panneaux alvéolés auxquels il suspendit ses outils. Il alla jusqu'à en dessiner le contour, afin que même les membres de sa famille sachent les remettre à leur place. Même si, selon les dires de Léon, ça ne fonctionne pas toujours parfaitement, il réussit généralement à retrouver ses outils dans son atelier. Il en résulte qu'il prend moins de temps qu'avant pour effectuer les réparations qui s'avèrent nécessaires.

Un autre participant du nom de Grégoire a trouvé une solution toute simple au problème qui l'embêtait. Au cours de réunions d'affaires, on lui demandait souvent d'assurer le suivi de divers projets. Or, comme il lui arrivait souvent de ne pas prendre de notes, ou d'en prendre sur des bouts de papier qu'il égarait par la suite, il était incapable, malgré la meilleure volonté du monde, de tenir ses engagements. À la réunion suivante, Grégoire se confondait en excuses, conscient de donner ainsi l'impression d'être le dernier des temporisateurs et persuadé de l'être réellement.

Après s'être fait prendre à son propre jeu à plusieurs reprises, il décida d'utiliser les grands moyens : il constitua un dossier pour chaque type de réunion, en y incluant une tablette à écrire sur laquelle il noterait tous les mandats qui lui seraient confiés, s'obligea à relire ses notes selon un calendrier précis et prit l'habitude d'emporter ce dossier à chaque réunion. Grâce à cet aide-mémoire, assurer le suivi des projets qu'on lui confiait devint pour lui une question de routine.

Même si vos problèmes n'ont rien de commun avec ce qui précède, je présume que vous avez saisi où je veux en venir. Quand vous aurez localisé la source de vos ennuis, réfléchissez à la manière de vous organiser ou de mettre en place un système qui vous aidera à déjouer les pièges de la procrastination.

CES GRATIFICATIONS QUI STIMULENT

Accordez-vous une récompense qui vous fera plaisir et qui vous encouragera à en finir au plus tôt avec les tâches qui vous rebutent. Dressez la liste des choses que vous aimez et faites-les correspondre à des corvées que vous tardez à entreprendre, de telle sorte que la gratification soit proportionnelle à l'importance du boulot. Une collation ou un appel à un ami entrent dans la catégorie des récompenses mineures. La visite d'un zoo, un achat exceptionnel ou une sortie au restaurant relèvent du domaine des récompenses plus importantes.

Certains trouvent tout naturel de s'attribuer une gratification à la fin d'un projet; dans la mesure où celle-ci est attendue, ils éprouvent davantage de plaisir au travail. D'autres restent perplexes. Ils sont incapables de se motiver de la sorte, car ils n'ont aucune idée de ce qui pourrait leur faire plaisir ou les soulager. Cela est dû en partie à leur conception du travail: ils n'ont de valeur à leurs propres yeux que s'ils bossent dur et sont productifs.

Si vous n'êtes pas trop porté sur les gratifications, je vous suggère de rester modeste au début. Je ne vous parlerai donc pas de vacances à Hawaï, mais plutôt de petites récompenses toutes simples, telles que vous octroyer une sieste ou participer à une activité en famille ou entre amis.

Afin de ne pas remettre les choses à plus tard, beaucoup de gens se privent de menues récompenses tant que leur travail n'est pas accompli. Mais si vous avez envie d'aller au cinéma ou de louer une cassette vidéo, hâtez-vous de finir ce que vous avez commencé puis faites-vous plaisir sans vous sentir coupable.

Une étudiante du nom de Kim avait l'habitude de contempler un devoir pendant trois jours avant de s'y mettre. (Une fois qu'elle se mettait en marche, toutefois, elle n'avait aucune difficulté à le terminer.) Désormais, elle se motive en s'accordant des gratifications. Ainsi, elle se consacre pendant vingt minutes à fond et dans le silence le plus absolu (ce qu'elle déteste) à ses études ou à la rédaction d'un compte rendu, après quoi elle écoute sa musique préférée.

De même, Robert parvenait difficilement à entamer sa journée au centre de consultation psychologique où il travaillait. Chaque matin, il devait produire un rapport indiquant le nombre et le type d'appels qu'il avait reçus la veille et l'expédier au directeur des ressources humaines. Le tout n'était censé prendre que vingt minutes. Malheureusement pour lui, Robert faisait des pauses au lieu de s'attaquer au problème. La plupart du temps, son rapport demeurait inachevé jusqu'en fin d'après-midi. Pendant tout ce temps, il se rendait malheureux.

Le café se révéla être l'arme dont il avait besoin pour combattre l'ennemi. Grand amateur de café, il prit l'habitude :

1. de boire tout le café qu'il voulait avant de quitter la maison pour le bureau ;
2. de ne faire aucune pause-café tant que son rapport ne serait pas expédié au service des ressources humaines.

En moins d'un mois, Robert parvenait à remplir son rapport quotidien dans la demi-heure qui suivait son arrivée au bureau. Aussitôt qu'il l'avait expédié, il se faisait une joie d'aller boire une tasse de délicieux café. Après quelques mois, une fois cette nouvelle habitude bien ancrée en lui, il ne ressentit plus le même besoin de se gratifier comme au début. Néanmoins, après deux ans de ce régime, il se prive toujours de sa première tasse de café tant qu'il n'a pas expédié son rapport.

QUELQUES GRATIFICATIONS SUSCEPTIBLES
DE VOUS ENCOURAGER À ACCOMPLIR VOTRE TRAVAIL :

- vous adonner à votre passe-temps favori ;
- aller au cinéma ou assister à une pièce de théâtre ou à un concert ;
- recevoir un massage ;
- faire des courses ;
- prendre un après-midi ou une journée complète de repos au cours d'un week-end passablement chargé ;
- assister à une conférence, à un séminaire ou à un cours ;

- quitter le bureau pour aller prendre l'air;
- entamer une conversation avec des amis ou des collègues de travail;
- faire une randonnée en plein air;
- faire la grasse matinée;
- prendre le temps de ne rien faire (sans vous sentir coupable);
- passer du temps en compagnie d'un être cher;
- pratiquer votre sport préféré ou toute autre activité physique;
- lire un livre ou un magazine;
- vous prélasser dans votre baignoire;
- aller à la pêche ou à la chasse (seul ou en bonne compagnie);
- lire des journaux à potins;
- manger au restaurant;
- faire quelque chose de parfaitement futile pour le seul plaisir de la chose;
- rêvasser;
- vous évader pour une journée ou un week-end.

Dans le cadre d'un de mes séminaires, Jennifer raconta qu'elle avait toujours souhaité avoir une chambre d'amis. Mais le jour où son vœu se réalisa, cette pièce devint très vite le lieu où s'entassèrent tous les objets dont on ne savait que faire.

Un de ses enfants venait la trouver en lui demandant: «Maman, où devrais-je mettre ceci?»

Et Jennifer de répondre: «Eh! bien… pourquoi pas dans la chambre d'amis?»

Faire le ménage dans cette pièce était la chose qu'elle détestait le plus au monde. Des montagnes d'objets divers s'amoncelaient pêle-mêle parce qu'elle ignorait tout simplement où les ranger. Elle laissait traîner les choses à cause de ce qu'elle appelait «le paradoxe de la chambre d'amis»: «Je ne savais déjà pas où mettre toutes ces choses, comment étais-je censée le savoir plus au moment de nettoyer la pièce ? »

En guise de solution, Jennifer commença d'abord par modifier son attitude *avant* de s'atteler à l'ouvrage. Elle décida qu'en guise de récompense elle bénéficierait d'une belle chambre d'amis propre chaque fois qu'elle y ferait le ménage, plutôt que de se sentir coupable à cause du désordre qui y régnait. Elle aurait en outre le plaisir de trouver rapidement ce qu'elle cherchait plutôt que d'avoir à fouiller partout.

Enfin, une merveilleuse gratification attendait Jennifer si elle gagnait son pari. Elle fit part de son problème à une amie compréhensive en lui disant que tous les moyens lui semblaient bons pour s'encourager. Elles convinrent donc d'aller ensemble au musée par un beau dimanche après-midi, mais à condition que Jennifer ait terminé le ménage de la pièce en question.

Jennifer emprunta plusieurs cassettes qu'elle avait l'intention d'écouter tout en s'affairant à astiquer, à trier, à empiler, à empaqueter, à jeter, à recycler et à classer. La musique aidant, le temps passa rapidement. Elle trouva un endroit où ranger tous les papiers et un organisme de charité accepta de prendre presque tout ce dont elle voulait se débarrasser. Ainsi disparurent les piles d'objets disparates.

Le travail fut terminé en un rien de temps. Jennifer obtint la récompense promise. Mais l'essentiel demeure que le ménage de la chambre d'amis cessa d'être une corvée parce qu'elle avait mis au point une stratégie destinée à en minimiser l'ampleur.

Quand on met consciemment au point pareil système de gratification, on prend bientôt l'habitude de mener tous ses projets à bien et d'en souligner la réalisation en se faisant plaisir. Pour bien des gens, la plus belle récompense consiste à s'offrir un petit congé bien mérité. N'ayez pas peur de trimer dur, à l'intérieur d'un délai précis, en minimisant les pauses jusqu'au moment où vous aurez accompli votre tâche. Mais ne vous remettez pas aussitôt au boulot. Accordez-vous plutôt du temps pour vous relaxer, vous détendre et vous divertir.

Le mot *récréation* contient d'ailleurs l'idée de création nouvelle, de régénérescence. Changez-vous les idées, faites plaisir à l'enfant qui sommeille en vous, refaites le plein d'énergie, tant sur les plans émotionnel et physique que spirituel. Mettez de la joie, du plaisir dans votre vie. Si tout ce qui vous attend à la fin d'un travail c'est encore du boulot, quelle bonne raison auriez-vous de vouloir le terminer?

Vous devez trouver un moyen de rendre la tâche qui vous rebute moins rébarbative, moins envahissante, voire un tantinet agréable, et d'accomplir ainsi ce qui vous permettra d'avancer dans la direction que *vous* aurez choisie.

Pensées à méditer

Peu importe ce que vous accomplissez, faites en sorte que vos réalisations ne passent pas inaperçues, même si vous êtes le seul à vous en rendre compte.

Auteur inconnu

Seigneur, aide-moi à accomplir avec le sourire ce que de toute manière je dois accomplir.

Hal Roach

Nous ne cessons pas de jouer parce que nous vieillissons; nous vieillissons parce que nous cessons de jouer.

Auteur inconnu

Vous ne *trouverez* jamais de temps pour quoi que ce soit. Si vous avez besoin de temps, vous devrez l'*inventer*.

Charles Buxton

Travail récompensé se transforme en travail accompli.

Auteur inconnu

Une journée sans plaisir, sans joie, sans réelle satisfaction est une journée perdue.

Dwight D. Eisenhower

Repos n'est pas paresse : s'étendre parfois sur l'herbe sous un arbre, par une belle journée d'été, en prêtant l'oreille au murmure d'un ruisseau et en contemplant les nuages dans le ciel, ne constitue en aucun cas une perte de temps.

Sir J. Lubbock

Dans l'art de créer, le plus difficile
Est de commencer.

Auteur inconnu

En dépit de ta sagesse, l'avenir
Ne saurais point voir ni prédire ;
Ne laisse donc pas passer ce jour
Qui s'envole pour toujours.

Omar Khayyam

EXERCICE PRATIQUE

Dressez la liste des petites et grandes récompenses (faciles à obtenir) qui vous inciteront à entreprendre les tâches que vous avez le plus tendance à remettre au lendemain :

• Petites récompenses (pour la réalisation de tâches insignifiantes) :

_____

• Grandes récompenses (pour la réalisation de tâches plus importantes) : _____

_____

• Récompenses extraordinaires (pour avoir effectué des changements importants dans votre vie) : _____

_____

Ne vous leurrez pas en vous disant : « Travail achevé contient sa propre récompense. » Si cela était vrai, pourquoi avoir tant tardé à l'accomplir ?

PETIT EXERCICE SUPPLÉMENTAIRE
(Ne vous inquiétez pas, il est facile à faire.)

1. Procurez-vous un minuteur.
2. Choisissez une tâche que vous ne cessez de remettre à plus tard.
3. Réglez le minuteur pour une heure.
4. Mettez-vous à l'œuvre sans vous interrompre un instant.
5. Récompensez-vous à la fin !

CHAPITRE 2

Quelles excuses avez-vous l'habitude d'invoquer ?

Je demande toujours aux participants à mes séminaires sur la procrastination de dresser la liste des 101 choses qu'ils souhaitent faire sans jamais y parvenir. Je leur demande ensuite de la garder sur eux ou de l'afficher à un endroit où ils sont susceptibles de l'apercevoir tous les jours. À mesure que je leur donne des exemples concrets de la manière dont on peut vaincre cette habitude, ils ont tout le loisir de consulter leur liste et d'adapter les solutions proposées à leurs problèmes spécifiques.

Pendant qu'ils s'attellent à cette tâche (qui s'étend habituellement sur plusieurs jours), je les invite à faire le tour de leur lieu de travail et de leur foyer avec un œil scrutateur. Ils examinent les dossiers contenus dans leur ordinateur, leurs classeurs, leurs placards, leurs armoires ou tout autre espace de rangement. Leur liste comporte tout ce qu'ils ont besoin ou envie de :

vérifier	changer
rapporter	enlever
réparer	cirer
nettoyer	remiser

transformer	organiser
remplacer	aménager
transférer	emporter
jeter	remanier
modifier	réorganiser
laver	effacer
peindre	terminer
éliminer	acheter

Cette liste ne concerne pas que le bureau ou la maison. J'encourage les gens à passer en revue les divers aspects de leur vie : santé physique, mentale et spirituelle ; famille, amis, animaux de compagnie ; vie sociale, etc. Tout ce qu'ils ont un jour songé à accomplir peut y être inclus.

Par ailleurs, il ne s'agit pas de ce genre d'exercice qu'on accomplit « une fois pour toutes ». Cette liste est appelée à évoluer constamment. Chaque fois que vous vous sentez débordé par les circonstances, il importe de rédiger pareille liste. Tant que les idées se bousculent dans votre cerveau, il vous est impossible de réfléchir adéquatement. Résultat : l'angoisse et la culpabilité sèment la confusion dans votre esprit. Certains constatent d'ailleurs que le seul fait de mettre leurs idées par écrit les aide à régler un ou plusieurs problèmes un jour ou deux.

CES PIÈTRES EXCUSES QUI VOUS EMPÊCHENT D'ATTEINDRE VOS OBJECTIFS

À mesure que vous établirez votre liste, toutes sortes d'excuses vous viendront à l'esprit. J'en sais quelque chose : c'est le genre de prétextes que nous entendons à cœur de journée. « Ma vie irait tellement mieux si seulement je faisais ceci ou cela, mais je suis trop vieux, trop jeune, trop occupé, je ne suis pas assez qualifié, je manque d'instruction, je manque de volonté, j'ai trop peur... » La liste pourrait s'étirer indéfiniment.

Chaque fois que vous recourez à de telles justifications, vous tentez de convaincre quelqu'un (à commencer par vous-même) du bien-fondé de votre inaction. Vous avez sans doute déjà remarqué que vos explications ont pour effet de miner votre crédibilité auprès des autres, mais saviez-vous qu'elles détruisent également votre confiance en vous ? Vous êtes le premier à les entendre et, pis encore, à y croire ! Chaque nouvelle excuse que vous invoquez et acceptez comme vraie vous limite un peu plus dans vos actions. Et plus elles s'accumulent, plus vous dressez d'obstacles sur le chemin de votre propre épanouissement.

Toute sa vie durant, Joanne n'a cessé de vouloir faire des études universitaires, mais elle avait toujours une bonne raison pour tarder à réaliser son vœu le plus cher. Elle n'avait pas les moyens financiers nécessaires ; elle devait s'occuper de sa famille ; sa carrière l'accaparait trop ; bref, il lui semblait impensable de songer à consacrer du temps à des études. En dernier ressort, elle se trouva trop âgée pour retourner sur les bancs d'école. La dernière fois que son mari aborda la question avec elle, elle lui répondit : « Si je commence maintenant à temps partiel, j'obtiendrai mon diplôme à soixante ans ! »

Ce à quoi il rétorqua : « Tu auras soixante ans de toute façon. Mais tu as le choix de les avoir avec un diplôme universitaire en poche ou non. » Elle cessa de se trouver des prétextes et s'inscrivit à l'université. Elle crut qu'elle serait exténuée en rentrant de ses cours. Or, au contraire, elle eut un regain de vigueur.

Prétextes et alibis ont-ils à ce point de l'emprise sur vous qu'ils font partie intégrante de votre vie ? Avez-vous l'intime conviction d'être un temporisateur né ? Ou de remettre les choses à plus tard parce que vous êtes trop stupide, désorganisé, faible de caractère (ou tout ce que vous voudrez) pour pouvoir changer de comportement ?

MAÎTRISEZ VOTRE DISCOURS INTÉRIEUR

À l'origine de toutes ces excuses et de tous ces prétextes, il y a votre discours intérieur. Il est temps pour vous de vous tenir des propos plus encourageants.

Dans ma famille, génération après génération, les filles ont été élevées dans la croyance qu'elles étaient nulles en mécanique. C'est le genre de discours que nous nous tenions à nous-mêmes et que nous tenions aux autres chaque fois que l'occasion s'en présentait. À l'époque où je tentais encore de me guérir de ma procrastination, je commençai à surveiller mes pensées et à tirer à boulets rouges sur certains de mes alibis. Je décidai notamment de m'attaquer à cette prétendue incompétence héréditaire en matière de mécanique.

Une semaine plus tard, j'étais sur le point de partir pour le boulot par une de ces froides matinées d'hiver comme il en existe là où j'habite, quand ma voiture a refusé de démarrer. Un adolescent de mon quartier vint me trouver en me disant : « Vous en faites pas, Madame, le carburateur est simplement noyé. Je vais vous arranger ça en introduisant un stylo dans la valve papillon. »

« La valve papillon ? ai-je songé. J'adore les papillons, il n'y a donc pas de raison que je ne comprenne pas de quoi il s'agit. » Je lui fis part de ma nouvelle résolution.

Il me fit : « Pas de problème, c'est facile. Ouvrez le capot, je vais vous montrer. »

Je lui répondis, l'air penaud : « Si tu savais à quel point je suis ignare en ce domaine : je ne sais même pas comment ouvrir le capot. »

Il me montra patiemment ce qu'il fallait faire, puis il m'apprit comment trouver la valve en question et où mettre le stylo à bille. La voiture démarra ! Nous avons enlevé le stylo et refermé le capot ensemble, et c'est ainsi que j'ai commencé à faire voler en éclats les barrières dont j'avais hérité.

Le lendemain, je devais emmener ma fille et ses copines au cinéma. Nous nous sommes entassées dans l'auto, qui refusa de nouveau de démarrer. Au moment où j'allais me décourager, une petite voix à l'intérieur de moi se fit entendre : « Allons, Rita, ressaisis-toi. Tu sais comment régler ce problème. » Pendant un instant, je me suis remonté le moral en silence, puis, d'un geste ferme et décidé, je suis sortie de la voiture, je me suis approchée du capot, je l'ai soulevé et j'ai enfoncé la pointe de mon stylo dans la valve papillon du carburateur.

Je me suis réinstallée derrière le volant et – tout en retenant mon souffle – j'ai mis le contact. Le moteur a démarré ! Les adolescentes, y compris ma fille, ont poussé des cris de joie, ce qui a aussitôt galvanisé mon amour-propre.

Au cours des années qui ont suivi, j'ai continué de m'encourager ainsi silencieusement. J'ai peu à peu pris de l'assurance pour tout ce qui touche à la mécanique, au point où je me suis forgé une solide réputation à ce sujet. Voilà déjà quelques années, notre directeur général a émis le vœu de voir l'un des employés du bureau s'occuper de l'équipement vidéo dont il venait de faire l'acquisition. « Demandez à Rita Emmett, lui dit-on. Elle s'y connaît en mécanique. » M'avait-on aperçue dans le parking en train d'aider un de mes collègues à faire démarrer sa voiture ? Quoi qu'il en soit, j'étais considérée comme le bon génie au stylo magique. « J'ignore comment faire fonctionner ce type d'appareil, ai-je déclaré, mais je compte bien l'apprendre. » Ce que je fis.

Je me suis également mise à apprendre le fonctionnement de nombreux autres appareils domestiques. J'en avais toujours eu le désir, mais n'en avais rien fait sous prétexte que je n'étais pas douée pour la mécanique. Je devins ainsi la première adulte de notre immeuble à savoir programmer un magnétoscope. Lorsque les micro-ordinateurs ont fait leur apparition, j'écoutais les commentaires négatifs de mon entourage. Mais ceux-ci n'avaient plus aucune prise sur moi et je plongeai à pieds joints dans cette nouvelle aventure.

Je finis par changer ma vieille voiture pour une nouvelle. Un jour, elle refusa de démarrer. J'ai donc ouvert le capot, pour découvrir aussitôt que les voitures modernes ne possèdent pas de valves papillons. J'ai été prise de panique. «Que faire, si mes compétences en mécanique ne me servent plus à rien? si je suis incapable de faire fonctionner l'équipement vidéo?»

Rien de tel ne se produisit. Plus jamais je ne considérerai que je ne suis bonne à rien en mécanique. Une fois qu'une barrière a été renversée, elle ne se dresse habituellement plus sur notre chemin.

Tant que vous resterez persuadé de ne pouvoir accomplir une chose, vous n'y arriverez pas. Mais si vous êtes persuadé du contraire, alors tout devient possible. «Le cerveau peut accomplir tout ce qu'il peut concevoir et croire», affirme une maxime. Voilà ce dont tous les temporisateurs devraient se souvenir pour s'encourager.

Chaque fois que vous commencez à laisser traîner les choses, stimulez-vous mentalement. Remplacez vos excuses habituelles par des propos destinés à raffermir votre confiance en vos capacités d'accomplir ce que vous désirez. Choisissez, parmi les citations reproduites à la fin de chaque chapitre, celles qui vous inspirent le plus et recopiez-les sur un feuillet que vous afficherez au mur, près de votre téléphone ou sur votre tableau de bord. Que ces réflexions vous servent à contrecarrer les pensées négatives exprimées par votre entourage ou, pis encore, émises par votre propre cerveau.

N'ayez plus d'excuses. Peu importe à quand remonte votre habitude de tout remettre à demain. Retenez que vous avez la possibilité de changer et que vous pouvez le faire sans plus tarder. Dès cet instant même.

LA MÈRE DE TOUTES LES EXCUSES : « JE TRAVAILLE MIEUX SOUS PRESSION »

Avez-vous l'habitude de temporiser sous prétexte que vous travaillez mieux sous pression ?

Qu'entendez-vous au juste par là ? Que votre taux d'adrénaline augmente, que votre énergie est décuplée, que vous travaillez avec une concentration et une efficacité accrues à l'approche d'une échéance, de telle sorte que vous parvenez à accomplir adéquatement votre tâche dans les délais impartis – sans vous départir pour autant de votre belle assurance et de votre tranquille sérénité ? Si tel est le cas, tant mieux pour vous ! Mais en est-il réellement ainsi ? Répondez honnêtement à ces questions et vous saurez la vérité :

- À l'approche d'une échéance, vous sentez-vous accablé par le stress et la pression accumulés ? Votre corps vous donne-t-il l'impression d'avoir été broyé au malaxeur, tellement vous êtes fourbu ? Êtes-vous dans un état de confusion tel que vous avez le sentiment de nc plus savoir où vous en êtes ?
- Avez-vous l'impression d'avoir quantité de choses à faire mais de manquer de temps pour y arriver ?
- Vous arrive-t-il de devoir supplier les membres de votre famille, vos amis ou vos collaborateurs de vous venir en aide ?
- Êtes-vous une source de stress pour votre entourage ? (En cas de doute, demandez à vos proches ce qu'ils pensent de vous quand vous travaillez sous pression.)
- Éprouvez-vous des maux de tête, des brûlements d'estomac, des maux de dos ou tout autre malaise à l'approche d'une échéance ?
- Vous arrive-t-il de ne pas respecter certains délais ?
- Avez-vous l'habitude d'être grincheux, irritable, mesquin et désagréable quand vous travaillez sous pression ?

Si vous avez répondu oui à l'une ou l'autre de ces questions, vous ne travaillez pas vraiment mieux sous pression.

Palmarès des dix objets préférés des temporisateurs

10. Animal : tortue
9. Aliment : mélasse
8. Sport : pêche
7. Dicton : « Mieux vaut tard que jamais »
6. Ustensile de cuisine : cocotte-minute
5. Chanson populaire : *Yesterday*
4. Air de comédie musicale : *Tomorrow*
3. Magazine : *Time*
2. Réplique de cinéma : « J'y songerai demain » (prononcée par Scarlett O'Hara dans le film *Autant en emporte le vent*)
1. Slogan : « Je le ferai demain ! »

Richard, qui était chargé de remplir les demandes de subventions au sein d'un organisme sans but lucratif, avait l'habitude de traverser allègrement la vie en attendant à la dernière minute pour agir. Il se vantait à la ronde de mieux travailler sous pression. Sauf que son attitude rendait ses collaborateurs fous de rage, sans compter que sa femme et ses enfants menaçaient de le quitter chaque fois qu'une échéance approchait. Il devenait alors littéralement impossible à vivre pour ses proches.

Ceux qui ont la prétention de «travailler mieux sous pression» font généralement tout le contraire. Ils ont plutôt tendance à:

- perdre leurs moyens;
- agir de façon bizarre;
- perdre le sommeil;
- engueuler, harceler ou critiquer les autres;
- manger trop ou pas assez;
- être tendus et stressés;
- bâcler leur travail;
- s'épuiser à la tâche;
- rendre les autres dingues;
- se rendre malades;
- ne pas respecter certaines échéances importantes.

On peut difficilement prétendre «mieux travailler» dans de telles conditions!

Une manière plus adéquate de formuler les choses serait de dire: «Tant que je ne ressens pas la pression due à l'approche de l'échéance, j'arrive difficilement à me mettre au boulot.» Seul un changement d'attitude vous fournira la clé qui vous permettra de vaincre cette forme de procrastination.

À la fin d'un de mes séminaires, Raymond vint me trouver et résuma ainsi la situation: «J'ai toujours cru que je travaillais mieux sous pression, mais ce n'est pas vrai. En réalité, je me la coule douce et je choisis la voie de la facilité tant que l'échéance n'est pas en vue. Quand la pression devient trop forte, je me mets au boulot.

Petit conseil

Prenez la peine, chaque jour, de jeter un coup d'œil
à votre agenda,
à votre plan d'action,
aux échéances que vous devez respecter,
à la liste des choses que vous comptez faire.

« Je ne travaille pas mieux quand je travaille sous pression ; je ne fais même pas du bon boulot quand j'attends à la dernière minute pour m'y mettre. Il arrive souvent que quelque chose tourne mal : une crise ou une urgence survient, je tombe malade, n'importe quoi ! Je comprends par la suite que j'aurais fait un meilleur boulot si je n'avais pas tant attendu. »

Certes, il est possible de remettre certains projets à plus tard sans que cela vous rende la vie impossible pour autant. Mais l'astuce consiste à prévoir les conséquences de vos atermoiements : que se passera-t-il si vous ne respectez pas une échéance ou si vous devez bâcler votre travail pour le terminer à temps ?

En voici un exemple : Vous devez accueillir des invités dans les jours à venir et il convient tout naturellement de faire le ménage de votre demeure. Or, au lieu de vous y mettre sur-le-champ, vous préférez attendre à la dernière minute.

La loi de la moyenne veut que quelque chose soit susceptible de mal tourner lorsque vous subirez la pression engendrée par l'approche de l'échéance. Il se peut que vous ayez à travailler tard le soir, que votre auto tombe en panne, qu'un mal de dent vous oblige à rendre visite à votre dentiste, etc. Bref, il suffit d'un pépin pour que vous ne puissiez faire le ménage à temps.

Les conséquences de votre négligence sont, en pareil cas, minimes. Lorsque vos visiteurs se présenteront chez vous, votre demeure sera en désordre. Vous vous sentirez peut-être un peu embarrassé, mais vous vous en tirerez sans trop de dommages. Pareille situation ne posant pas véritablement problème, il n'existe aucune raison majeure de ne pas repousser à la dernière minute la corvée du ménage.

Mais, dans un autre contexte, vos atermoiements pourraient avoir des conséquences plus sérieuses. Imaginons que vous ayez un compte rendu important à remettre à votre patron; celui-ci mise sur vos compétences mais, sous prétexte que vous travaillez mieux sous pression, vous attendez au dernier moment pour vous exécuter. Inévitablement, la loi dite de Murphy ou de la guigne maximum – en vertu de laquelle tout ce qui est susceptible de mal tourner finit par mal tourner – vous rattrape. Une vilaine grippe ou une énorme tempête de neige vous retient de force à la maison. Il vous faut dès lors avouer à votre patron que, loin d'être terminé, le compte rendu en question n'est même pas commencé.

Envisageons maintenant les conséquences de votre inaction.

Cela pourrait vous coûter votre poste, ternir l'image de votre patron ou de votre société, ruiner vos chances d'obtenir un jour une promotion ou, à tout le moins, altérer sensiblement votre image aux yeux de votre employeur. Tout cela parce que vous avez développé l'habitude de remettre les choses au lendemain sous prétexte que vous travaillez mieux sous pression.

Que vous a coûté cette manie jusqu'à présent? Vous souvenez-vous de ces fois où votre cœur battait la chamade pendant que vous étiez pris dans la circulation alors que vous aviez attendu à la dernière minute pour vous rendre à un rendez-vous important?

Quand vous aurez admis la nécessité pour vous de changer d'attitude, lisez la troisième partie de ce livre, qui vous révélera comment décomposer un projet en éléments faciles à gérer et comment maîtriser votre temps de telle sorte que les échéances ne soient plus pour vous une source de stress, de maladie, de dérapages incontrôlés et de médiocrité.

TEMPORISER PEUT-IL AVOIR DU BON ?

Dans certaines circonstances, il peut être *souhaitable* de temporiser. Autant je suis persuadée que vous pouvez vaincre la procrastination, autant je crois qu'il est important, à certains moments, de se dire : « Je ne vais pas me casser la tête avec ça aujourd'hui, je vais m'en occuper un autre jour. »

Nous le faisons tous à un moment ou à un autre. Après tout, il est impossible de tout réaliser d'un seul coup et il faut bien faire des choix. Il y a donc parfois lieu de remettre – consciemment, délibérément – certaines choses à plus tard. C'est ce que j'appelle faire de la « procrastination constructive ».

Le postulat de Parkinson stipule que toute tâche finit par occuper le temps disponible. Cette loi se vérifie dans la pratique de tous les jours. Si vous devez accueillir des visiteurs dans deux jours, vous mettrez deux jours complets à préparer votre maison en conséquence. Mais si vous ne disposez que de quatre heures avant leur arrivée, votre maison sera impeccable en quatre heures. (Peut-être pas tout à fait, mais tout de même…)

Comment appliquer le postulat de Parkinson à la procrastination constructive ? Certaines personnes décident de faire le ménage quatre heures avant l'arrivée de leurs invités pour la bonne raison qu'elles ne veulent pas consacrer deux jours entiers à cette tâche.

La même loi s'applique si vous devez écrire une lettre, un article, etc. Certains réécrivent leurs textes jusqu'à s'en rendre malades.

Ces réviseurs compulsifs se rendent service en attendant d'avoir une marge de manœuvre juste assez restreinte pour bien accomplir leur boulot, sans avoir à consacrer des semaines au processus de réécriture. (Ce qui ne veut pas dire d'attendre jusqu'à la dernière fraction de seconde avant de remettre un travail que vous n'aurez pas eu le temps de relire ou de corriger.)

La procrastination constructive peut vous être utile dans tous les domaines, notamment dans les secteurs qui demandent de la créativité. Quand il me vient une idée de génie à l'esprit, je la laisse mijoter quelque temps dans ma tête. Je la fais passer à l'arrière-plan de mes préoccupations et, pendant que mon subconscient s'en charge, je passe volontairement à autre chose.

Une directrice artistique m'a confié qu'il lui arrive parfois de buter sur un concept mal défini. Plutôt que de s'obstiner en vain, elle consacre son temps et son énergie à autre chose pendant une journée ou deux. Après quoi elle revient à son projet initial, qu'elle voit alors sous un angle différent et auquel elle peut s'attaquer avec plus d'efficacité que précédemment. Quand vous avez l'impression de buter contre un mur, mettez votre travail de côté et laissez-le «mijoter». Vous serez surpris de constater, à votre retour, à quel point vous êtes en mesure de voir le problème sous un nouveau jour et de vous y attaquer avec une énergie renouvelée.

Nous nous créons des difficultés quand nous remettons les choses à plus tard sans raison valable. Mais, parfois, il existe d'excellentes raisons de temporiser.

Pensées à méditer

Ce que le sot accomplit en dernier, le sage l'accomplit en premier.
R. C. Tench

Si vous continuez de faire ce que vous avez toujours fait, vous continuerez d'obtenir les résultats que vous avez toujours obtenus.

Auteur inconnu

Rien n'est plus épuisant que l'omniprésence d'une tâche inachevée.

William James

Que vous pensiez pouvoir accomplir une tâche ou ne pas pouvoir l'accomplir, vous avez dans les deux cas raison.

Henry Ford

Observation personnelle : Dieu a créé les invités pour que nous puissions faire le ménage à l'occasion.

Rita Emmett

Plus j'ai envie d'accomplir une chose, moins je l'appelle « travail ».

Richard Bach

Le temps ne se mesure pas par le nombre des années, mais par ce que l'on fait, ce que l'on ressent et ce que l'on accomplit durant ces années.

Auteur inconnu

Les êtres humains ont besoin d'ordre afin de donner le meilleur d'eux-mêmes. L'ordre qui règne dans nos vies est, à plus d'un titre, le reflet de ce que nous sommes.

L. Tornabene

Souviens-toi que temps perdu jamais ne revient.

Thomas à Kempis

Perdre son temps équivaut à exister ; s'en servir revient à vivre.

Edward Young

EXERCICE PRATIQUE

Dressez la liste des 101 choses que vous avez envie (ou besoin) de faire. (À combien de reprises ai-je entendu des gens qui avaient fermé leur maison ou leur voiture en laissant les clés à l'intérieur se faire comme réflexion : « Je comptais pourtant en faire un double » ? Si vous ne possédez pas encore de double de vos clés, inscrivez sur votre liste de passer chez le quincaillier. Trouvez ensuite un endroit approprié où les dissimuler et souvenez-vous-en !)

CHAPITRE 3

Le petit jeu de la temporisation

La procrastination équivaut à un jeu qui consiste à remettre à plus tard, à négliger, à oublier ce que vous aimeriez éviter de faire. Or, la plupart des gens qui s'adonnent à ce petit manège le font de manière détournée. Vous n'agissez pas autrement chaque fois que vous avez à faire quelque chose de très important qui pourrait vous occasionner de sérieuses difficultés en cas de retard.

Néanmoins, vous refusez de passer à l'action.

Toutefois, la tâche a une trop grande portée pour que vous vous permettiez de simplement paresser. Vous auriez trop honte de vous-même si vous la remettiez à plus tard sans raison valable. Par conséquent, vous vous trouvez une noble excuse pour éviter d'agir.

Ainsi, à l'époque où j'avais encore l'habitude de temporiser, le comité dont j'étais membre m'avait confié comme tâche de dactylographier une liste de noms. Je déteste ce genre de boulot. N'ayant jamais suivi de cours de dactylo, je n'utilise pas de méthode appropriée. Je commets par conséquent beaucoup d'erreurs, ce qui a pour effet de me mettre hors de moi. Après avoir travaillé quelque peu à ma liste, je me suis levée pour aller prendre un café. J'allais me remettre au boulot quand j'ai aperçu une tache de couleur pourpre sur le mur de la cuisine. Elle était visiblement due à de la gelée ou à du jus de raisin. J'ignorais depuis quand le mur était ainsi maculé. Je saisis une bouteille de nettoyant et commençai à astiquer l'endroit en question. Par contraste, le reste du mur me parut soudain terne et sale. Je tentai d'atténuer la différence en passant délicatement l'éponge à l'endroit où se trouvait la ligne de démarcation. Peine perdue. J'ai alors versé le nettoyant dans un seau et me suis mise à récurer murs et plafond au complet. Ce soir-là, un membre de mon comité m'appela pour me demander des nouvelles de mon travail.

« Comment aurais-je pu taper cette liste alors que j'ai passé toute la journée à nettoyer ma cuisine ? » ai-je demandé sournoisement. J'aurais eu trop honte d'avouer que j'avais fait la sieste ou regardé la télé, mais je n'avais aucun remords à dire que j'avais dû régler un grave problème.

VARIATIONS SUR UN MÊME THÈME

Nous recourons à une infinie variété de prétextes pour temporiser, et nous le faisons la plupart du temps de manière sournoise et inconsciente. Certains, que j'appelle les « voyageurs », réagissent à une tâche en se rappelant soudain qu'ils ont quelque chose de très important à faire ailleurs. Ou en allant voir ailleurs s'il n'y a pas quelque autre tâche plus essentielle qui les attend. Un besoin irrésistible les pousse à fuir le travail qu'ils ont à accomplir. Ils sont en perpétuel mouvement et on les rencontre partout sauf à leur bureau : devant le distributeur à café ou le télécopieur, au sous-sol ou à l'entrepôt, au garage ou devant la boîte aux lettres. S'ils sont à proximité d'un ascenseur, ils le prennent pour monter ou descendre. S'ils sont près d'une fenêtre, ils se lèvent pour l'ouvrir ou la fermer. Si un crayon se trouve à portée de leur main, ils partent à la recherche d'un taille-crayon. S'il y a de la nourriture tout près, ils vont grignoter. S'il n'y a pas de nourriture à proximité, ils partent à la recherche de quelque chose à se mettre sous la dent.

TREIZE FAÇONS DE PERDRE SON TEMPS
DE MANIÈRE INCONSCIENTE

1. Fouiller constamment dans une même pile de papiers.
2. Jouer à des jeux vidéo.
3. Discuter longuement au téléphone de choses sans importance.
4. S'attarder avec des visiteurs inattendus qui ne présentent aucun intérêt.
5. Naviguer dans Internet.
6. Participer à des réunions sans intérêt.
7. Travailler sans but précis, sans avoir établi de priorité ou d'échéance.
8. Faire plusieurs choses à la fois, en sous-estimant le temps nécessaire à leur accomplissement.
9. Tergiverser au lieu de prendre une décision.
10. Accepter une tâche qu'il aurait mieux valu refuser.
11. S'obliger à travailler quand il conviendrait de prendre du repos.
12. Accomplir des tâches qui ne sont pas nécessaires ou qu'un autre pourrait faire.
13. Consacrer un temps fou à des préparatifs.

Ils font les cent pas, déambulent, se baladent. À peine sont-ils enfin de retour à leur bureau que la «voyagite aiguë» les reprend de plus belle et qu'ils se remettent à errer sans but précis.

Certains temporisateurs inconscients entrent par ailleurs dans la catégorie des «préparateurs modèles». Ils estiment ne pouvoir se mettre à la tâche tant qu'ils n'ont pas effectué certaines recherches, obtenu des renseignements supplémentaires, lu certains ouvrages, reçu une formation complémentaire, etc. Ils finissent par se spécialiser dans l'art de consacrer des années à préparer un projet. Une telle attitude peut convenir si vous projetez de construire une terrasse derrière la maison familiale. Mais si vous travaillez comme vendeur et que vous attendez la publication du prochain rapport trimestriel de votre société pour appeler vos clients, vous risquez de perdre des ventes et la commission qui s'y rattache, pour ne pas dire votre emploi.

Les «adeptes de la socialisation» ont pour leur part tendance à appeler des parents et amis depuis longtemps oubliés chaque fois qu'une tâche désagréable se présente à eux. Voire à entamer une longue discussion avec leur conjoint ou à envoyer un message électronique à quelque correspondant situé à l'autre bout du monde. Au travail, ils rendent visite à tous leurs collègues, se promenant de bureau en bureau à seule fin de retarder le plus possible le moment où ils devront bien accomplir ce qui les rebute tant.

De leur côté, les «spécialistes du rangement» décident soudain qu'il leur est impossible de bien fonctionner dans de mauvaises conditions de travail. Ils s'efforcent dès lors de ranger, de nettoyer, d'organiser, de dépoussiérer, de trier, d'éliminer et de classer tout ce qui peut l'être dans leur bureau. À la fin, ils regardent l'heure en murmurant : «Bon, il est un peu tard pour entreprendre ce projet aujourd'hui. Aussi bien m'y mettre demain matin.»

Enfin, les «bons samaritains» pratiquent quant à eux la forme la plus subtile et la plus insidieuse de procrastination inconsciente. Ils mettent de côté le travail qu'ils ont à faire – mais n'ont pas envie de faire – pour prêter secours à quelqu'un d'autre, que cette personne ait ou non besoin d'aide. Notez que si cette dernière réclame vraiment assistance, il ne saurait être question de temporisation mais de satisfaction d'un réel besoin. Seul le hasard veut alors que les bons samaritains délaissent leurs occupations pour rendre service à leurs semblables, qu'il s'agisse de parents, d'amis, de collègues de travail ou de voisins, voire de purs étrangers. Il n'est toutefois pas exceptionnel que ces «âmes charitables» se laissent manipuler par des gens dont les demandes ne sont pas fondées.

Méfiez-vous de ceux qui cherchent à vous convaincre que vous êtes responsable de leurs malheurs! Ils commencent par vous demander subtilement une faveur, tel ce collaborateur qui vous prie de l'aider à réaliser son projet. Vous avez beau lui expliquer que vous êtes vous-même surchargé, il vous fait comprendre avec insistance, sur un ton de panique, qu'il pourrait perdre son poste si son travail n'est pas remis à temps. Il attend de vous que vous le tiriez d'affaire. Mais que se passera-t-il si votre boulot à vous n'est pas terminé dans les délais prévus?

Je ne cherche pas à vous convaincre de cesser de prêter main-forte aux membres de votre famille ou à vos amis. Je vous invite simplement à demeurer prudent face aux tentatives de certains de vous mettre tous leurs problèmes sur le dos. Outre que vous pourriez de ce fait les empêcher de se développer et d'assumer leurs responsabilités, votre propre travail risquerait d'en souffrir, ce qui vous créerait du coup des ennuis. Imaginez si vous deviez passer des nuits blanches à tenter de résoudre leurs problèmes, cependant qu'eux-mêmes dormiraient d'un profond sommeil en ayant l'assurance de s'être débarrassés de leurs soucis grâce à vous!

PETIT CONSEIL

Collez sur votre front (ou votre bureau) un écriteau indiquant:

Votre incapacité à planifier votre route
ne fait pas de moi une sortie d'urgence.

Il arrive parfois aux bons samaritains de tout laisser en plan pour voler au secours d'autrui parce que leurs propres tâches leur paraissent inintéressantes en comparaison avec la nouveauté et l'excitation que les projets de leurs collègues sont susceptibles de leur procurer. Prêter assistance aux autres leur permet par ailleurs d'en tirer un certain bénéfice. Chacun aime plaire et les gens manifestent généralement leur reconnaissance à ceux qui font le travail à leur place.

Certaines âmes charitables sont tout simplement incapables de refuser un service à autrui. Elles veulent à tout prix être considérées comme des personnes aimables. Elles ne peuvent supporter l'idée de passer pour des êtres mesquins, égoïstes ou malveillants. Elles veulent être aimées. Elles estiment n'avoir de valeur personnelle que si les autres ont une haute opinion d'elles. Par conséquent, s'ils sont entourés de personnes négatives et mesquines qui abusent d'eux, les bons samaritains n'en feront jamais assez, faute de quoi ils considéreront qu'ils sont sans mérite.

Ils ne savent pas dire non de peur de blesser l'autre. Pourtant, il nous est tous arrivé qu'on nous refuse poliment une requête :

- « J'aimerais bien t'aider à déménager, mais je suis pris ce weekend. »
- « Excuse-moi de ne pouvoir te parler maintenant, mais je suis occupé. Puis-je te rappeler plus tard ? »
- « Je collaborerais volontiers à ton projet, mais je suis débordé de travail présentement et j'ai un délai à respecter. Demande à quelqu'un d'autre de t'aider pour faire changement. »

Ce n'est pas parce que les gens refusent parfois d'accéder à nos demandes que nous mettons notre amitié avec eux en cause ou que nous cessons de leur parler. Pourquoi, dans ce cas, imaginer qu'ils nous aimeront moins si nous en faisons autant à l'occasion ?

Plusieurs bons samaritains vous diront qu'ils prennent plaisir à rendre service. C'est possible, mais un problème peut persister en dépit de tout le bonheur qu'on peut éprouver. Si vous ressentez un malaise chaque fois que vous mettez votre travail de côté pour aider les autres, si rendre service à autrui vous conduit à négliger votre propre famille ou vous-même, ou si vous êtes incapable de remplir à temps les mandats qui vous ont été confiés, il serait temps pour vous de vous affirmer et de dire non à certaines des requêtes qui vous sont faites. À force de toujours acquiescer aux demandes des autres, vous finirez par vous exténuer et par éprouver du ressentiment, voire de la haine, à leur égard. Le poète irlandais William Butler Yeats a écrit :

Sacrifice prolongé
Engendre un cœur de pierre.

Rien ne vous empêche de vous affirmer tout en restant une personne aimable et polie, qui n'oublie pas pour autant de terminer le travail qu'elle a à faire.

LA TENDANCE À SE LAISSER PORTER PAR LE COURANT

Certains temporisateurs inconscients pratiquent l'art de se laisser dériver au gré du vent. Ils font moins penser à un navire sans gouvernail qu'à un navire ballotté de ci de là par les flots. Vous est-il déjà arrivé de vous demander ce que vous aviez fait de votre matinée, de votre après-midi ou de votre soirée, tellement le temps avait filé sans que vous vous en rendiez compte ? Certaines personnes s'attaquent à plusieurs choses à la fois sans jamais en terminer aucune ; d'autres bricolent sans aboutir à quoi que ce soit de concret.

Les occasions de se laisser porter par le courant ne manquent pas : quand on se sent déprimé, découragé, distrait ou agité, ou quand on ne planifie pas ses activités. En fait, on vogue à la dérive chaque fois qu'on néglige de structurer adéquatement son emploi du temps.

Si vous étiez bien organisé, vous sauriez exactement à quelle heure vous lever le matin, à quelle heure prendre votre petit-déjeuner et à quelle heure partir pour le bureau. Vous commenceriez

votre travail à 9 h, vous feriez une pause à 10 h 30, vous déjeu-
neriez à midi, feriez une nouvelle pause à 15 h 30 et quitteriez
le bureau à 17 h. De même, une fois de retour à la maison, vous
dîneriez, vous regarderiez la télé et vous vous mettriez au lit à
des heures bien précises. Quand on est ainsi réglé comme une
horloge, il ne reste guère de place pour temporiser, c'est-à-dire
pour laisser le temps filer.

Quel nom donne-t-on à quelqu'un qui ne temporise pas?

Aussi difficile à croire que cela puisse vous paraître, vous
n'êtes vraisemblablement pas né temporisateur mais plutôt... Au fait, comment appelle-t-on les gens qui se hâtent
d'accomplir leur boulot? Quel est le contraire de «temporisateur»?

On peut difficilement parler de leader ou de vainqueur, ou
encore de personne organisée ou motivée. Nous connais-
sons tous des gens dynamiques, motivés et organisés qui
réussissent bien dans leur domaine ou qui sont des meneurs
d'hommes, mais qui n'en temporisent pas moins dans plusieurs autres aspects de leur vie.

Le néologisme «non-temporisateur» ne me plaît guère dans
la mesure où il ne permet pas d'établir de distinction nette
entre les personnes qui n'ont jamais eu tendance à tout remettre au lendemain et celles qui ont réussi à vaincre cette
mauvaise habitude. De même, l'expression «non-fumeurs»
désigne à la fois les gens qui n'ont jamais fumé de leur vie,
ceux qui se sont débarrassés de cette habitude il y a longtemps et ceux qui, à peine viennent-ils de cesser de fumer,
tentent de se persuader de ne pas recommencer en montrant
des photographies de poumons calcinés à tous leurs amis.

Le terme «procrastination» – qui désigne la tendance à tout
remettre au lendemain, à ajourner, à temporiser – vient du

latin *crastinus*, qui signifie «du lendemain». Le verbe «procrastiner» et le nom «procrastinateur» n'étant pas usités en français, on utilise respectivement les mots «temporiser» et «temporisateur» pour les remplacer. Un temporisateur étant une personne qui a l'habitude d'attendre le moment favorable avant d'agir, le terme approprié pour désigner une personne qui fait le contraire et agit sans perdre de temps pourrait être le néologisme «antitemporisateur»…

Imaginons à présent que vous soyez totalement désorganisé. Inutile de faire sonner le réveil, puisque vous n'avez rien planifié pour la journée. Vous sortez du lit quand bon vous semble et vous ne jugez pas opportun de vous habiller convenablement. Si le téléphone peut sonner, vous aurez peut-être une idée de ce que vous allez faire de votre temps libre.

Pour la plupart des gens, les journées se situent entre ces deux extrêmes. Ou encore leurs journées sont passablement organisées en semaine et plutôt désorganisées les week-ends. Certains se tirent très bien d'affaire, que leur emploi du temps soit réglé comme une horloge ou non; d'autres fonctionnent mieux d'une manière plutôt que de l'autre. Ainsi, des gens qui réussissent très bien dans leur vie professionnelle organisent leur emploi du temps de manière à ne jamais temporiser au boulot, mais font tout le contraire lorsqu'ils se retrouvent entre leurs quatre murs.

Les prêtres, femmes d'intérieur, courtiers d'assurances et agents immobiliers ont des emplois du temps très peu structurés, de même que tous ceux qui travaillent à domicile. Ceux-ci doivent rester vigilants afin de se prémunir contre la tentation de laisser traîner les choses. Mais quelle que soit la profession, il existe inévitablement des secteurs où l'emploi du temps n'est pas structuré de façon rigide. Ainsi, les avocats affectés au tribunal des successions ont généralement un horaire moins contraignant que la plupart des autres conseillers juridiques. Leur tâche ne revêtant pas un caractère d'urgence, il leur est facile de demander des reports d'échéance et, par voie de conséquence, de temporiser. Quand on est dans une telle situation, il est essentiel de se fixer des échéances, de bien planifier, de dresser la liste de ses priorités et de ne pas remettre les choses à plus tard.

Pour pouvoir se soigner, il faut déjà être en mesure d'admettre qu'on se laisse porter au gré des flots. Il importe ensuite de se mettre à l'ouvrage et de finir ce qu'on a commencé. Comme le veut l'adage, «le succès engendre le succès».

De même, l'échec engendre l'échec. Si vous vous lamentez sur le temps perdu, vous renforcerez votre sentiment d'échec et risquerez du coup de répéter vos erreurs. En outre, ce que vous avez laissé traîner est susceptible de vous donner un surplus de travail. Ainsi, au cours d'un de mes séminaires, Marie a raconté que son grognon de chat adorait s'étendre sur les vêtements fraîchement lavés et séchés. Si elle ne les mettait pas hors de portée de l'animal, Marie devait répéter l'opération, en plus de se sentir coupable d'avoir tardé à ranger ses vêtements propres.

Cette forme de procrastination nous fait perdre beaucoup de temps en nous empêchant d'en finir avec les corvées désagréables. Elle nous fait en outre passer à nos propres yeux pour des imbéciles qui ne savent pas s'organiser, de sorte que notre amour-propre en prend un sérieux coup. Par conséquent, restez vigilant. Reprenez-vous aussitôt que vous sentez la situation vous échapper. Attelez-vous à une tâche à la fois et terminez-la. Puis passez à la suivante, et ainsi de suite.

COMMENT VAINCRE LA PROCRASTINATION INCONSCIENTE

La première chose à faire pour se défaire de cette forme de temporisation consiste à l'identifier. Prenez conscience des petits manèges auxquels vous vous adonnez sans y réfléchir (nous le faisons tous!). Soyez désormais sur vos gardes. Si vous vous surprenez à ranger vos tiroirs au lieu d'appeler une de vos connaissances pour lui exprimer vos condoléances comme vous l'aviez prévu, c'est que vous faites de la procrastination inconsciente. De même si vous constatez que vous êtes en train de mettre de l'ordre dans la penderie au lieu de faire de l'exercice, de méditer ou d'écrire votre journal comme vous l'aviez programmé, ou si vous vous adonnez à un jeu vidéo alors qu'un travail important vous attend.

La procrastination inconsciente et ses nombreuses variantes ont toutes une chose en commun : elles sont inopportunes. Lorsque vous centrez votre attention sur une tâche dont la réalisation doit avoir lieu à l'intérieur d'un délai précis, ou lorsque vous vous engagez à faire une chose qui figure sur votre liste de priorités, plus rien d'autre n'a d'importance et n'est par conséquent susceptible de vous détourner de votre objectif. Du coup, la tendance à temporiser disparaît d'elle-même.

JEUX DE POUVOIR (AU TRAVAIL ET À LA MAISON)

Un autre manège subtil et insidieux auquel les temporisateurs s'adonnent parfois s'appelle la procrastination récalcitrante. Conscientes ou non du jeu qu'elles jouent, certaines personnes qui ont le sentiment de leur impuissance ou de ne pas être à leur place entreprennent de petites rébellions silencieuses qui prennent des allures de temporisation.

En voici un exemple : Une femme signale à son mari qu'il y a de petites réparations à faire dans la maison. « D'accord, je vais m'en occuper ce week-end », réplique-t-il. Il n'ignore pas que sa femme se mettra inévitablement en colère, non pas s'il refuse de faire ce qu'elle lui demande, s'il formule une objection ou s'il se dispute avec elle à ce sujet, mais tout simplement s'il n'agit pas comme promis.

Son habileté à jouer sur les émotions de sa femme en temporisant lui confère un sentiment de puissance. Il exerce ainsi inconsciemment son pouvoir sur elle sans avoir à dépenser la moindre énergie pour autant. Mais il lui faudra en payer le prix à plus d'un titre, à la fois concrètement (sa maison aura l'air de tomber en ruines) et psychologiquement (sa femme éprouvera du ressentiment à son égard à cause de son attitude négative).

En voici un autre exemple : Au cours d'un de mes séminaires, Pedro a affirmé que plusieurs de ses confrères de travail lui en ont voulu à partir du jour où il a été promu superviseur. Ils ont manifesté leur ressentiment en diminuant leur rythme de production. Trois mois plus tard, Pedro m'a raconté : « Je sais que ce n'était pas mon problème, mais le leur, sauf que j'avais l'impression qu'ils tentaient de saboter mon travail. J'ai commencé à desserrer la poigne que j'exerçais sur mon service. Je leur demande leur avis plus souvent, je leur donne plus de responsabilités, je les implique davantage dans le processus de décision ; je crois que je suis un peu plus amical avec eux.

« Le résultat est incroyable ! Mon personnel a moins tendance à se rebeller et pour ainsi dire toute forme de procrastination a disparu comme par enchantement. »

Quand un de vos collaborateurs tarde à vous remettre un rapport, interrogez-vous sur la marge de manœuvre ou le degré de liberté dont il dispose. Un rapport qui n'est pas remis à temps peut plonger tout un service, voire toute une entreprise, dans de sérieuses difficultés.

La procrastination récalcitrante est extrêmement dommageable car, même si elle nuit à la personne contre qui on se rebelle, elle nuit encore davantage à son auteur. Si vous ne respectez pas vos échéances, on vous considérera inévitablement comme quelqu'un d'improductif, c'est-à-dire qui ne fout rien de bon. Non seulement votre travail restera en plan, mais vous perdrez confiance en vous-même et en vos capacités. Quelle manière futile et destructrice d'essayer d'exercer son pouvoir sur les autres !

Certains temporisateurs récalcitrants finissent par admettre qu'ils cherchent inconsciemment à se rebeller contre leurs parents, même si ceux-ci sont décédés depuis longtemps. Essayez de découvrir quelles sont les raisons de votre propre révolte. Éprouvez-vous un sentiment d'impuissance dans certaines situations ou devant certaines personnes ? Votre procrastination a-t-elle pour effet d'engendrer de la colère ou de la frustration chez les autres, ou de leur créer des problèmes ? Avez-vous l'impression d'exercer une sorte de pouvoir sur les autres lorsque vous laissez traîner les choses ?

La première étape à franchir pour vaincre cette forme de procrastination consiste à trouver un moyen de reprendre le contrôle de votre vie. Prenez conscience des difficultés que vous pouvez éprouver dans vos rapports avec les autres, que ce soit au bureau ou à la maison. Faites directement part de vos préoccupations aux personnes concernées. Fixez-vous des objectifs personnels. Mettez à profit les conseils contenus dans ce livre pour modifier votre comportement. Vous serez surpris du degré de liberté que vous acquerrez ainsi. En agissant de manière constructive, les personnes qui cessent de temporiser en viennent souvent à éprouver un sentiment de force intérieure qui dépasse de loin le sentiment de détenir un pouvoir sur les autres qu'ils éprouvaient dans leur phase de rébellion et de procrastination.

Si vous n'arrivez pas à maîtriser seul cette forme de procrastination, il serait sage pour vous de demander conseil à un professionnel. Votre sentiment de révolte est peut-être enfoui si profondément dans votre subconscient que les services d'un psychologue pourront se révéler nécessaires.

EST-CE QU'ON NAÎT TEMPORISATEUR ?

J'ai longtemps cru que j'étais née ainsi et que je ne pourrais rien y changer. Mais, peu après mon mariage et la naissance de mes enfants, j'ai constaté une chose. Quand un enfant désire quelque chose, c'est tout de suite ! Il crie de toute la force de ses poumons et s'agite dans tous les sens pour obtenir ce qu'il veut. C'est au cours des premières années de leur vie que les enfants apprennent peu à peu et de façon subtile (et sans doute inconsciemment) à temporiser.

Inspectrice au service de police de sa ville, Élizabeth m'a raconté l'anecdote suivante à propos de sa fille Murielle. Cette dernière avait à peine deux ans quand elle vit, au cours d'une émission de télé, une famille partir en pique-nique. Aussitôt elle demanda à sa mère d'en faire autant. Élizabeth promit à sa fille d'organiser un pique-nique en famille dès le retour des beaux jours, mais ajouta qu'il était hors de question de le faire sur-le-champ pour la simple raison que le sol était couvert de neige et qu'il faisait sous zéro à l'extérieur. Murielle se mit aussitôt à préparer la sortie en question : dans les jours qui suivirent, elle réunit une couverture, un panier à pique-nique et un contenant pour le jus. Elle en parlait si fréquemment et avec tant d'enthousiasme qu'un beau soir, alors que la famille d'Élizabeth s'apprêtait à dîner, une couverture étendue sur le sol de la salle de séjour les attendait. Ils ont décidé de pique-niquer tout de suite. L'événement s'est déroulé à l'intérieur de la maison, mais il n'en fut pas moins apprécié pour autant !

Si Élizabeth avait insisté pour que le pique-nique se déroule en été, elle aurait fort probablement semé par inadvertance (et avec les meilleures intentions du monde) les graines de la procrastination dans l'esprit de Murielle.

Je ne considère pas que les enfants — ou qui que ce soit d'autre — devraient obtenir instantanément tout ce qu'ils demandent. Très souvent, il est impossible de donner aux enfants ce qu'ils souhaitent avoir sur-le-champ. Les parents n'ont donc pas le choix de leur répondre : « Plus tard. » Je reste néanmoins persuadée que nous naissons tous avec le désir intense d'accomplir les choses sans tarder. En grandissant, nous apprenons à nous trouver des prétextes pour les remettre au lendemain.

Pensées à méditer

N'importe qui est en mesure d'accomplir n'importe quelle quantité de travail, à condition qu'il s'agisse de tout autre chose que de la besogne qu'il est censé accomplir à ce moment-là.

Robert Benchley

Il ne suffit pas de s'occuper ; les fourmis en font autant. La question est de savoir : À quoi occupons-nous notre temps ?

Henry David Thoreau

Méfiez-vous de la pauvreté d'une vie trop remplie.

Socrate

Vivez votre vie maintenant ! Vous n'avez pas droit à une répétition générale.

Auteur inconnu

Il n'est pas difficile de prendre des décisions quand on connaît les valeurs qui guident nos choix.

Roy Disney

Ne remettez pas à demain ce que vous pouvez faire aujourd'hui, car si vous y trouvez du plaisir aujourd'hui, vous en trouverez demain également.

James A. Michener

La temporisation constitue l'assassin par excellence des occasions à saisir.

Victor Kiam

Perdu hier,
entre le lever et le coucher du soleil,
deux heures en or,
chacune sertie de soixante minutes en diamant.
Aucune récompense offerte,
car elles se sont envolées à jamais.

Horace Mann

Dieu a promis le pardon à ceux qui se repentent, mais il n'a jamais promis de lendemain à ceux qui temporisent.

Saint Augustin

EXERCICE PRATIQUE

1. Gaspillez-vous de votre précieux temps à faire des choses dont vous n'avez pas envie, à vous rendre dans des endroits où vous n'avez pas envie d'aller ou à fréquenter des gens que vous n'avez pas envie de voir ? Si tel est le cas, agissez-vous ainsi simplement parce que vous êtes incapable de refuser une requête ? (Ou, pis encore, vous vous êtes proposé sans même qu'on vous le demande et sans réfléchir ?)

• Précisez dans quelles circonstances : _____

_____

2. Y a-t-il des gens à qui vous promettez sans cesse des choses, pour ensuite « oublier » d'agir comme convenu ?

• Précisez de quelles personnes il s'agit. _____

_____

• Quels changements souhaiteriez-vous apporter à vos relations avec ces personnes afin d'atténuer le sentiment d'impuissance que vous pourriez éprouver dans cette situation ?_____

_____

• Choisissez une de ces personnes et tentez de lui expliquer pourquoi vous ne souhaitez pas satisfaire à sa demande._____

_____

_____

EXERCICE SUPPLÉMENTAIRE

Cette semaine, refusez d'accomplir une tâche qui vous paraît inutile et qui interfère avec vos projets personnels, ou que la personne qui vous en a fait la demande pourrait accomplir elle-même.

DEUXIÈME PARTIE

Pourquoi temporise-t-on ?

CHAPITRE 4

Ces peurs qui paralysent

*Seconde loi d'Emmett : C'est leur obsession de la perfection
qui cause la perte des temporisateurs.*

On compte à la douzaine les craintes susceptibles de vous empêcher d'avancer et de vous inciter par conséquent à temporiser. Que faites-vous si l'une d'elles vous fige sur place ? La manière la plus efficace de priver de tels fantômes de tout pouvoir sur vous, c'est encore de les regarder en face et de les identifier par leur nom. Mieux vous apprendrez à les reconnaître et à les distinguer, moins ils vous paraîtront terrifiants.

Nous allons examiner ici certaines de ces peurs qui se dressent sur votre route.

LA PEUR DE L'IMPERFECTION

Vous ne vous considérez peut-être pas comme un perfectionniste, mais vous arrive-t-il d'attendre que le moment soit plus propice ou que les conditions soient plus favorables avant d'entreprendre certaines tâches ? Au cours d'un de mes séminaires, Brigitte a fait cette remarque : « Je suis loin d'être une perfectionniste : vous devriez voir dans quel état se trouvent ma maison et mon auto ! » Pourtant, elle attend, avant d'écrire son courrier, d'avoir le temps de rédiger une prose digne des poètes les plus inspirés.

De même, Jeanne et Guy ont discuté pendant des mois, voire des années, de l'idée de souscrire à un régime de placement, sans jamais passer à l'action. Ils évoquaient divers prétextes pour retarder le moment de leur décision mais, inconsciemment, ils avaient peur de commettre une erreur.

Pour de tout autres motifs, Suzanne reportait indéfiniment l'idée de consulter son médecin ou son dentiste. Elle était en excellente santé et ne craignait nullement ces examens de routine. Mais elle avait peur, en prenant rendez-vous un mois d'avance, que cela vienne interférer avec une importante réunion de dernière minute ou avec la venue soudaine d'invités de l'extérieur.

Ainsi en est-il bien souvent. Les gens attendent d'être dans de bonnes dispositions ou de meilleures conditions et de disposer du temps nécessaire avant d'entreprendre quoi que ce soit. Et tant que tous ces facteurs ne sont pas réunis, le reste passe au second plan : décisions, actions, entreprises, conclusion d'une affaire, déménagement, achats, relations amoureuses et autres, carrière et existence même.

Pour vaincre la procrastination, il importe de comprendre que ces situations idéales ne se présenteront sans doute jamais. Le monde dans lequel nous vivons n'est pas parfait et personne n'est parfait. Ce qui n'implique pas de se contenter de la médiocrité ambiante. Visez plutôt l'excellence. Vous pouvez l'atteindre. Pas la perfection.

Tous ceux qui ont réussi, dans quelque domaine que ce soit, vous diront qu'il faut accepter de passer à côté du but. C'est là une étape nécessaire sur la route du succès. Sur une affiche de Michael Jordan, on peut lire cette citation de l'ex-basketteur vedette des Bulls de Chicago : « J'ai raté plus de 9000 paniers au cours de ma carrière. J'ai perdu près de 300 matchs. À 26 reprises on m'a remis le ballon et j'ai raté le panier alors que j'aurais pu donner la victoire à mon équipe. Ma vie est une succession d'échecs. Voilà pourquoi je connais tant de succès.»

Si vous avez des projets d'investissement, faites le nécessaire pour élaborer le meilleur plan d'action possible. Déterminez ensuite à quel moment vous compter démarrer et allez de l'avant plutôt de rester constamment à la recherche de l'occasion idéale. Quand vient le moment pour vous d'écrire une lettre, de mettre un terme à un projet, de formuler un vœu ou de demander une augmentation de salaire, faites de votre mieux. Et souvenez-vous que la perfection n'est pas de ce monde.

Comment Stella a renoncé à être perfectionniste

Stella, directrice administrative d'une chambre de commerce, a été perfectionniste jusqu'au jour où elle a décidé d'opérer un changement radical dans sa manière de vivre et de travailler. Ses amis et ses collaborateurs s'en sont vite aperçus et ont fini par lui demander comment elle avait réussi à ne plus temporiser et à devenir l'image même de l'efficacité et de la productivité.

Stella en attribua tout le mérite à son mari, Édouard, un entrepreneur général qui lui a enseigné à modifier sa conception des choses. Celui-ci était à ce point irrité par la manie du perfectionnisme de sa femme qu'un jour il lui fit visiter un de ses ateliers et lui montra ce que ses menuisiers avaient réalisé : bibliothèques, meubles de rangement, planchers de bois franc et une magnifique armoire destinée à recevoir téléviseur, magnétoscope, chaîne stéréo, etc. Stella s'exclama d'admiration devant toutes ces œuvres : «Tout cela est tellement beau ! Ces ouvriers sont de véritables perfectionnistes.»

«Oh ! non, loin de là, répliqua Édouard. Et pourtant, quand un menuisier commet une erreur, tout le monde lui en fait la remarque. Ce ne sont pas des perfectionnistes, mais ils possèdent des critères d'excellence. Pour ainsi dire aucun menuisier n'ignore qu'on doit mesurer deux fois mais qu'on ne peut couper qu'une seule fois. S'il se trompe au moment de couper, cela peut lui coûter très cher.

«Pourtant, même en mesurant deux fois on commet parfois des erreurs. Et tu sais ce qu'un menuisier se dit après avoir fait une gaffe?»

«Non, qu'est-ce qu'il se dit?» demanda-t-elle.

«Heureusement que ce n'était pas un piano à queue! Vois-tu, expliqua Édouard, tout ce qu'un ébéniste entreprend n'a pas toujours l'importance d'un piano de concert. L'imperfection n'empêche pas l'excellence, et cela suffit pour être heureux.»

Stella avait compris la leçon. Elle cessa de remettre à plus tard les appels qu'elle éprouvait de la difficulté à faire, de différer les décisions difficiles et de laisser traîner la paperasse sur son bureau. Elle est passée dans le camp des «antitemporisateurs».

Édouard l'a appelée récemment pour lui demander si elle comptait dîner à la maison. «Certainement! lui répondit-elle. Je travaille comme trois et je n'ai pas terminé le tiers de ce que je comptais faire avant notre prochaine réunion, mais tout va bien. Je rentre à la maison parce que tout ce qu'il me reste à faire encore n'a pas autant d'importance qu'un piano à queue.»

Savoir accepter ses défauts

À une certaine époque, j'étais une perfectionniste inconditionnelle. Je n'entreprenais rien tant que le moment n'était pas propice ou les circonstances favorables. Je m'étonne encore que mes amis ou les membres de ma famille ne m'aient pas envoyée paître à cause de toutes les attentes déraisonnables que j'avais envers eux et envers moi-même. Mais, un jour que j'étais à la tête d'une troupe scoute, un incident m'a obligée à revoir complètement mon attitude.

J'étais en charge de six garçons, dont deux jumeaux prénommés respectivement Michel et Patrick. Chaque fois que nous préparions des cadeaux à l'intention de leurs parents, les deux frères en question ne cessaient de regarder par-dessus leur épaule afin de s'assurer que leurs présents seraient identiques.

Une année, nous avons fabriqué des décorations de Noël en verre teinté. Chaque enfant avait déposé sur une plaque à biscuits un emporte-pièce en forme d'étoile ou de bonhomme de neige, qu'il avait ensuite rempli de perles de plastique destinées à se transformer en «vitrail» une fois qu'elles auraient fondu. À la fin de la séance, il ne restait plus qu'à les mettre au four. J'expliquai aux gamins que leurs parents allaient s'inquiéter s'ils restaient plus longtemps et que j'allais m'occuper de ce détail après leur départ, de sorte qu'ils pourraient récupérer leurs présents dès leur sortie de l'école le lendemain.

J'ignore encore aujourd'hui ce qui a bien pu se passer cette fois-là, mais toujours est-il que je constatai, en ouvrant le four à la fin de la cuisson, que les perles s'étaient déplacées pour se mélanger entre elles dans cinq des six moules. Je tentai frénétiquement de gratter une tache verte qui recouvrait le bonhomme de neige de Patrick, mais en vain. Les six décorations étaient fichues, sauf une : celle de Michel. Les cadeaux des deux jumeaux ne seraient pas identiques.

J'appelai Julie, une amie, et lui expliquai que le travail des gamins était bon à jeter à la poubelle. Qu'allais-je pouvoir leur raconter quand ils viendraient récupérer leurs décorations de Noël le lendemain ?

Plutôt que de me conseiller, elle me raconta que certains artistes amérindiens fabriquent délibérément des colliers de perles défectueux afin de se rappeler que seul Dieu est parfait et que les hommes sont imparfaits. Elle me raconta également que, pour la même raison, beaucoup de couturières laissent des imperfections dans leurs courtepointes. Après notre conversation, je me rendis à la bibliothèque et y consultai un album contenant des illustrations de ceintures et autres objets fabriqués avec des perles par les Amérindiens. Les défauts étaient nettement visibles. Puis j'empruntai à ma voisine un coussin rond piqué à la main et je remarquai qu'il avait, lui aussi, une imperfection.

Lorsque les jeunes scouts se présentèrent chez moi le lendemain, cinq d'entre eux voulurent savoir pourquoi j'avais saboté leur travail, cependant que le sixième, Michel, exhibait à la ronde sa belle décoration.

Je leur demandai de s'asseoir autour de la table et je commençai à leur raconter l'histoire des Amérindiens qui fabriquent délibérément des colliers de perles défectueux, puis, afin d'appuyer mes dires, je leur montrai les photos de l'album emprunté à la bibliothèque. Je leur indiquai de même où se trouvait l'imperfection dans l'oreiller que j'avais emprunté à ma voisine. Je leur remis ensuite leur décoration et les renvoyai tous chez eux.

Environ une demi-heure plus tard, la mère de Michel et de Patrick m'appela en me demandant : « Rita, parfois je me demande ce qui se passe durant ces réunions de scouts. J'aimerais notamment savoir pourquoi Patrick est si content de son bonhomme de neige avec une tache verte sur l'abdomen, alors que Michel pleure dans sa chambre en disant : "Le mien est trop parfait !" »

Cette anecdote est vraiment chère à mon cœur, parce que cette aventure m'a réellement permis de comprendre la différence entre l'excellence et la perfection, en plus de m'aider à me débarrasser de mon problème de procrastination. À mon avis, rien n'est plus libérateur (et plus sain pour l'équilibre de l'esprit) que de cultiver l'habitude de rechercher l'excellence, mais non point la perfection.

LA PEUR DE L'INCONNU

Cette peur est certainement la plus répandue. Ce qui est connu est parfois affreux, pénible ou terrible, il n'empêche qu'on s'en accommode plus facilement que de la terreur qu'engendre l'inconnu. Certains se laissent abuser ou accomplissent des tâches avilissantes sous prétexte qu'ils préfèrent endurer leur triste sort que de devoir affronter l'inconnu. Linda adore son travail de vétérinaire, mais déteste la clinique où elle exerce depuis deux ans parce que son patron et elle ne s'entendent pas du tout. Elle est persuadée que ses efforts seraient mieux considérés et mieux rémunérés ailleurs, sans compter qu'elle doit faire une heure de route éprouvante, en pleine heure de pointe, aussi bien pour se rendre au travail que pour rentrer chez elle. Or, elle n'entreprend aucune démarche pour remédier à la situation. Elle temporise pour la bonne raison que son malheur lui procure une certaine forme de bien-être.

LA PEUR D'ÊTRE JUGÉ

Êtes-vous de ces personnes qui se demandent en permanence ce que les autres ou les voisins vont penser d'elles ? Si tel est le cas, la peur du jugement d'autrui aura pour effet de vous paralyser dans vos entreprises. Certains s'empêchent d'atteindre des objectifs tout à fait louables sous prétexte qu'ils ne veulent pas courir le risque de passer pour des paresseux, des imbéciles ou des idéalistes.

LA PEUR DE COMMETTRE DES ERREURS

Voilà une autre crainte inhibitrice. Les gens ignorent souvent à quel point les erreurs peuvent être bénéfiques, car elles nous donnent aussi bien de grandes que de petites leçons de vie. Ainsi, Julie a compris il y a quelques années qu'elle brisait souvent par inadvertance de la vaisselle – une tasse ou une assiette, par exemple – parce qu'elle voulait en faire trop et trop rapidement.

Un jour qu'elle s'apprêtait à quitter la maison en courant, elle échappa accidentellement un verre. Elle prit alors conscience qu'il serait plus avisé pour elle de ralentir la cadence si elle ne voulait pas avoir de contravention pour excès de vitesse ou, pis encore, se retrouver impliquée dans un accident de voiture.

J'ai souvent répété à mes enfants – tant en paroles qu'en actes – qu'il était inutile de se culpabiliser quand un accident se produit. Les erreurs faisant partie intégrante de la vie, il vaut mieux se demander : «Quelle leçon puis-je en tirer?»

À cinq ans, mon fils Robert adorait les tartines au beurre d'arachide et à la confiture. Un jour que nous bricolions à l'étage, l'heure du déjeuner arriva. «Je m'en occupe», me fit-il. Quelques minutes plus tard, une odeur alléchante montait jusqu'à moi. Je suis descendue pour l'aider quand je l'ai soudain aperçu sur le comptoir de la cuisine, le regard ahuri, penché au-dessus d'un grille-pain d'où s'échappait une épaisse fumée noire. Il avait tartiné les tranches de pain *avant* de les faire griller. L'air embarrassé, il murmura : «Je ne sais pas trop quelle leçon tirer de cette erreur. Y a-t-il une autre manière de procéder?»

PETIT CONSEIL

Celui qui ne commet jamais d'erreur ne fait probablement jamais rien.

Voilà la question qu'il importe de se poser quand on se trompe ou qu'on se sent ridicule après avoir fait une gaffe. Il ne sert à rien de vous réprimander ou de vous en vouloir. Au lieu de vous dire : «Qu'est-ce que je suis stupide ou maladroit!», demandez-vous : «De quelle façon puis-je agir autrement la prochaine fois?»

Les erreurs nous enseignent qu'il existe nécessairement une façon différente de procéder. On rapporte que Thomas Edison a dû faire 1600 essais infructueux avant d'inventer l'ampoule électrique. À un de ses amis qui lui demandait pourquoi il consacrait ainsi tout ce temps à un projet qui n'aboutissait visiblement pas, Edison répliqua : « Au contraire, j'obtiens des résultats. J'ai appris qu'il existe 1600 mauvaises façons de procéder. »

Pourtant, un nombre incalculable de temporisateurs craignent à un point tel de commettre une erreur ou d'échouer dans leurs projets qu'ils préfèrent ne rien entreprendre et ce, malgré leur profond désir de passer à l'action. Vous avez donc le choix entre laisser vos peurs vous paralyser et accepter vos erreurs éventuelles comme de simples problèmes à résoudre. Les pépins sont là pour vous inviter à adopter un rythme différent, à remanier vos plans, à changer de direction ou à modifier votre état d'esprit.

LA PEUR DU SUCCÈS

Cette crainte représente un des motifs de temporisation les plus subtils. Consciemment ou non, certains sont persuadés qu'il y a une connotation négative associée à l'idée de réussite. Avoir du succès équivaut, à leurs yeux, à être égoïste, superficiel, matérialiste, snob, etc. D'autres pensent que le succès suscite des attentes telles qu'on est par la suite obligé de réussir tout ce qu'on entreprend.

Si vous soupçonnez que vous temporisez pour mieux ruiner vos chances de succès, demandez-vous : « Que se passerait-il si... ? » Répétez-vous cette question jusqu'à ce que vous touchiez le cœur du problème. Voici une conversation que j'ai eue autrefois avec une collègue qui avait commencé un roman à suspense qui me paraissait formidable. Elle avait interrompu son récit et, en dépit de ses prétentions à vouloir le finir à tout prix, elle n'avait rien écrit en plus de deux ans.

« Que se passerait-il si tu t'y remettais ? lui demandai-je.
– Eh ! bien... je terminerais sans doute mon roman.
– Et que se passerait-il alors ?

- Il serait probablement publié. Tout le monde est d'avis que l'intrigue est excellente.
- Que se passerait-il ensuite ?
- Il pourrait devenir un best-seller.
- Que se passerait-il si c'était le cas ?
- Je pourrais gagner beaucoup plus d'argent qu'actuellement.
- Que se passerait-il si tu recevais tout cet argent ?
- Euh… je pense que la seule raison pour laquelle je ne divorce pas, c'est que mon salaire actuel ne me permettrait pas de nous faire vivre, mes enfants et moi. Mais si je gagnais beaucoup d'argent…

Elle comprit à ce moment-là qu'elle devait faire un examen plus approfondi de sa situation. Souhaitait-elle réellement quitter son mari ? Restait-elle mariée uniquement parce qu'elle avait besoin du soutien financier de ce dernier ? Avait-elle encore la volonté de sauver son ménage ? Le jour où elle put répondre honnêtement à ces questions fondamentales, elle fut débarrassée de ses craintes et se remit à son roman.

LA PEUR D'AVOIR À MAINTENIR UN HAUT NIVEAU DE PERFORMANCE

Cette variante de la peur du succès peut se manifester le jour où vous obtenez des résultats inespérés. Charles, le fils de Patricia, en est l'illustration parfaite. Il avait toujours été un élève moyen jusqu'au jour où, après être passé au secondaire, il reçut son premier bulletin. Quelle ne fut pas sa surprise de constater qu'il figurait, pour la première fois de sa vie, parmi les meilleurs élèves de sa classe. Or, loin d'afficher un air triomphant lorsqu'il remit son bulletin à ses parents, il paraissait préoccupé. « Ne vous attendez surtout pas à ce que cela se répète », leur lança-t-il.

Ce genre de crainte touche aussi bien les adultes que les enfants. Est-ce la raison pour laquelle vous refusez de donner le meilleur de vous-même ?

LA PEUR DU CHANGEMENT

Il s'agit ici d'une appréhension parfaitement naturelle, mais poussée à l'extrême. Le changement constitue une des causes principales de stress. Or, les chambardements semblent se produire presque quotidiennement dans la vie de la plupart d'entre nous. Pour ainsi dire, personne n'aime voir ses habitudes bouleversées. Ce qui explique pourquoi certains refusent d'évoluer, de crainte que leur train-train quotidien en soit chamboulé.

Christian est de ceux-là. Il travaillait dans une usine mais, comme il aimait les ordinateurs, il a commencé à suivre des cours du soir en informatique. Son souhait était de travailler comme informaticien mais, chaque fois qu'il devait rédiger son *curriculum vitæ* ou répondre à une offre d'emploi, il temporisait. Il craignait de se retrouver à l'étroit dans un bureau où il serait entouré de collaborateurs en complet veston qui le snoberaient sous prétexte qu'il adore jouer aux quilles.

Après avoir identifié ses craintes, Christian a entrepris avec succès de se trouver un emploi comme informaticien. Il adore son nouveau boulot, ce qui ne l'empêche pas de revoir ses anciens copains, d'apprécier ses nouveaux compagnons de travail et de continuer à jouer aux quilles. Qui plus est, il n'a pas besoin de revêtir de costume pour aller au bureau ! Grâce à son courage, il a pu affronter et vaincre l'ennemi, et mener ainsi son projet à bien.

LA PEUR DES RESPONSABILITÉS

Cette appréhension empêche tout bonnement les gens de se surpasser. Cela vaut pour Rachel et Stéphane, qui craignent tous deux d'assumer une trop grande part de responsabilité. Elle parle depuis plus de trois ans de créer un bulletin de liaison pour l'association professionnelle dont elle est membre. Mais, de peur de ne pouvoir maintenir un rythme de publication régulier après la parution du premier numéro, elle préfère s'en abstenir.

Stéphane, lui, songe à devenir entraîneur dans une ligue mineure de hockey, mais il se fait trop de souci à ce sujet. « Et si je n'obtiens pas la collaboration des parents ? Et si les enfants sont trop turbulents ? » À moins de s'y mettre, il ne connaîtra jamais la réponse à ses questions. Mais, pendant qu'il tergiverse, il rate une belle occasion de vivre une expérience enrichissante en compagnie de sa propre fille, sans compter qu'il prive les autres enfants d'un entraîneur qui a le don d'être un formidable boute-en-train.

LA PEUR D'ÉPROUVER DES SENTIMENTS OU DES ÉMOTIONS DÉSAGRÉABLES

Une telle crainte nous tenaille moins à cause de ce qu'on éprouve dans l'immédiat que de ce qu'on est susceptible d'éprouver si on passe à l'action. On temporise dans l'espoir d'éviter de ressentir de la colère, de la culpabilité ou tout autre sentiment désagréable.

Ainsi, Marianne connaît des difficultés avec sa colocataire, Nancy. Elle a décidé d'aborder la question avec cette dernière, mais ne parvient pas à trouver le moment approprié pour le faire. Marianne préfère encore se rendre malade semaine après semaine plutôt que de rendre le risque d'une violente confrontation avec Nancy.

Thomas est aussi du genre à éviter toute émotion trop vive. De peur de faire preuve de sévérité envers certains clients récalcitrants et d'en éprouver par la suite de la culpabilité, il préfère assumer seul les frais supplémentaires que ceux-ci lui occasionnent plutôt que de les rappeler à l'ordre.

Si vous temporisez de peur qu'il en résulte des sensations désagréables pour vous, demandez-vous ce que vous éprouvez actuellement du fait de votre inaction. Comme nous l'avons vu au chapitre 1, il vous en coûte davantage, en termes d'émotions négatives, de remettre à plus tard ce que vous craignez que d'agir tout simplement.

LA PEUR DE TERMINER
CE QU'ON A COMMENCÉ

Certains craignent qu'une fois leur travail terminé ils auront une tâche moins agréable à accomplir. Par conséquent, ils retardent le plus possible le moment où ils devront mettre un terme à ce qu'ils ont entrepris.

Roger a vécu une telle expérience alors qu'il redécorait sa chambre. Il a d'abord arraché le vieux papier peint qui recouvrait les murs, puis a acheté de superbes rouleaux de papier peint neuf. Quatre mois plus tard, les murs étaient à moitié tapissés et la pièce ressemblait à un chantier de construction. Il aurait pu finir le travail en un rien de temps mais, inconsciemment, il s'y refusait de peur de devoir entreprendre d'autres travaux par la suite.

Certains tardent parfois à terminer un travail parce que cela les arrange ou donne un sens à leur vie. Lorsqu'on doit mettre à contrecœur un terme à un projet, il devient facile de laisser traîner les choses en longueur. Une employée municipale du nom de Carole se rappelle l'époque où elle préparait le répertoire des services offerts dans sa ville. Elle admet aujourd'hui qu'elle prenait un malin plaisir à contacter les divers fournisseurs et − à partir des renseignements obtenus − à rédiger un petit résumé qui figurait dans le bottin en question. Son enthousiasme pour ce projet la stimulait au point où elle en appréhendait le dénouement. Carole se mit dès lors à temporiser (inconsciemment, cela va de soi) en ralentissant la cadence. Lorsqu'elle prit conscience du petit manège auquel elle se livrait, elle décida d'en finir au plus tôt. Chaque fois qu'elle se surprenait à perdre du temps, elle s'encourageait en s'offrant une petite récompense pour chaque portion du répertoire qu'elle terminait (déjeuner avec une amie, par exemple). À présent qu'elle a compris ce qui se passe quand on hésite à terminer une tâche, Carole met en garde contre cette forme de temporisation tous les nouveaux employés qu'elle est chargée de former.

Le même genre de crainte peut par ailleurs survenir quand on anticipe des résultats médiocres. Claude construit depuis des années un voilier dans son sous-sol. Ses amis le taquinent en lui répétant sans cesse que son bateau sera trop gros pour passer dans l'embrasure de la porte. Mais il n'arrive pas à se remettre à l'ouvrage. Il ne craint peut-être pas de le terminer, mais il a très certainement perdu son enthousiasme initial. Ou peut-être n'a-t-il tout simplement plus envie de posséder un voilier fait à la main. Dans ce cas, il serait temps pour lui de − littéralement − abandonner le navire et de songer à s'en départir. Par ailleurs, s'il temporise parce qu'il a peur d'être déçu du résultat, il aurait tout intérêt à se demander s'il n'est pas un perfectionniste qui s'ignore. Si tel est le cas, un léger changement d'attitude lui serait salutaire. Quoi qu'il en soit, Claude devra prendre conscience qu'il a le choix entre terminer son bateau et s'en débarrasser.

En général, lorsque nous décidons de réaliser un projet, nous avons aussi la force de décider d'y mettre un terme.

LA PEUR DU REJET

Tout le monde est susceptible d'éprouver pareille crainte. Nous en faisons habituellement une affaire personnelle, comme si le rejet constituait la preuve de notre imperfection. Or, qui n'a pas de défauts ?

Que nous cherchions à vendre un produit ou que nous lancions une invitation à quelqu'un, une réponse négative de sa part sonne à nos oreilles comme un rejet de notre propre personne. Nous n'entendons pas : « Non, votre produit ne m'intéresse pas » ou « Non, je ne suis pas libre pour sortir avec toi samedi soir ». Nous interprétons plutôt de tels propos comme suit : « Non, je ne veux rien savoir de toi, misérable vermisseau. » Constant, qui travaille comme représentant dans un service de dotation en personnel, avait l'habitude d'éviter soigneusement de faire de la sollicitation téléphonique parce qu'il acceptait difficilement qu'on oppose une fin de non-recevoir à ses propositions. À présent, il conserve près de son combiné une fiche sur laquelle on peut lire : « Au suivant ! » écrit en grosses lettres. Et chaque fois qu'on lui répond par la négative, il se dit : « Au suivant ! » et se met aussitôt à composer un nouveau numéro.

Nous pouvons, en ayant un discours intérieur approprié, cesser de remettre nos projets à plus tard, de repousser des décisions ou de fuir les autres parce que nous sommes terrifiés à l'idée qu'on puisse nous juger.

LA PEUR DE PRENDRE LA MAUVAISE DÉCISION

Avez-vous jamais entendu dire à regret : « Je n'arrive toujours pas à remplacer ce vieux truc… à changer de boulot… à perdre du poids… à aller voir mon vieux copain… à arrêter de fumer, etc. » ? Peut-être avez-vous déjà prononcé ces paroles vous-même.

Or, le problème ne consiste pas à remplacer, à perdre ou à arrêter quoi que ce soit. C'est plutôt une question de *décider* d'agir.

Certains se rendent malades à l'idée d'avoir à prendre une décision. Une fois la décision prise, ils retrouvent leurs esprits et accomplissent sans difficulté ce qu'ils ont à faire. Mais lorsque vient le moment de décider, ils préfèrent s'occuper à des tâches qui leur évitent d'avoir à songer à cette épineuse question qui ne manque pas d'en paralyser plus d'un. Il y aurait une petite fortune à faire pour quiconque ouvrirait un bureau de consultant qui aiderait les gens à prendre des décisions. « Par ici, les amis. Racontez-moi vos problèmes, payez-moi en conséquence et je vais décider pour vous. »

Certains ne détesteraient pas qu'on prenne les décisions à leur place. Hélas ! personne ne peut vraiment décider pour nous.

La peur de prendre la mauvaise décision a pour effet de nous empêcher d'agir tant que nous ne sommes pas sûrs à 100 pour 100 d'avoir pris la bonne décision.

Or, quand on se retrouve dans une situation où une décision doit être prise rapidement et qu'on n'arrive pas à opter pour une solution ou une autre, on en éprouve des tensions et de la frustration. Pendant un de mes cours, Jocelyne a déclaré : « Je préfère encore prendre la mauvaise décision que de rester indécise. Quand je n'arrive pas à me décider, mon esprit est entièrement absorbé par l'objet de mes préoccupations, de sorte que je n'arrive pas à penser à quoi que ce soit d'autre. »

Un autre participant du nom d'Antoine a répliqué : « Pour moi, c'était tout le contraire. Quand je me retrouvais au sommet de ma phase de temporisation, je chassais ce qui me préoccupait de mon esprit en me disant : "Je prendrai une décision à ce sujet un peu plus tard." Depuis, je suis le sage conseil que Yoda, mon philosophe préféré, donne dans le film *L'empire contre-attaque* : "Faire ou ne pas faire tu dois. Essayer tu ne dois pas." Lorsque j'étais indécis, j'en avais des nœuds dans l'estomac, en particulier au moment où je tentais de m'endormir. Depuis, les nœuds ont disparu ; qu'elles soient bonnes ou mauvaises, je prends mes décisions sur-le-champ au lieu de les remettre à plus tard. »

Il se peut toutefois que vous ayez moins peur de prendre de mauvaises décisions que d'avoir à en supporter les conséquences. Sachez que vos décisions ne sont pas toutes coulées dans le béton. Il est vrai que certaines sont irréversibles, mais la plupart du temps vous pouvez modifier vos choix, surtout si, au moment de prendre une décision, vous vous réservez le droit de changer d'avis dans un avenir plus ou moins rapproché.

Madeleine tardait à s'acheter un nouveau canapé. Depuis cinq ans qu'elle était mariée, elle conservait un vieux divan qu'elle avait acheté d'occasion. Elle et son mari avaient économisé en vue de le remplacer, elle avait comparé les prix et avait même choisi le style, le tissu et la couleur du sofa qu'elle comptait faire fabriquer. Il lui suffisait simplement de passer la commande. Huit mois s'écoulèrent, mais rien ne parvenait à la convaincre d'agir. Quelque part au fond d'elle-même, l'idée de commander ce meuble la terrifiait.

Après un entretien avec elle, j'ai compris qu'elle n'avait pas l'habitude d'acheter des meubles et que, à l'en croire, certains de ses choix avaient même été catastrophiques par le passé. Son mari lui laissait certes toute latitude à ce sujet, mais la plupart des acquisitions qu'elle avait faites ne l'avaient guère enchanté.

Des meubles sur commande conviennent parfaitement à certaines personnes et auraient pu convenir à Madeleine si cette dernière avait possédé un peu plus d'expérience en la matière. Mais, à cette étape de sa vie, il semblait préférable pour elle de se procurer un divan chez un détaillant ayant une bonne politique d'échange ou de remboursement. Dès qu'elle eut pris conscience de ce fait, Madeleine cessa de temporiser. Elle dénicha un canapé semblable à celui qu'elle avait failli commander et le fit livrer à domicile. Il leur fallut une semaine, à elle et à son mari, pour se rendre compte qu'il ne leur plaisait pas vraiment. Ils l'ont rapporté chez le détaillant et en ont choisi un autre de style et de couleur quelque peu différents du premier. Depuis, ils sont très heureux de leur acquisition.

Tout comme Madeleine, Ken avait peur de prendre la mauvaise décision. Dans son cas toutefois, il songeait à investir dans un fonds commun de placement, mais craignait de faire le mauvais choix. Il ne fit donc rien, et ce pendant des années. Il trouva néanmoins le moyen de mettre fin à son inertie. Il décida d'évaluer ce qu'il lui en coûterait en fait de pénalité en cas de résiliation. Si celle-ci était exprimée en pourcentage, il en calculait le coût exact. Puis il détermina lequel des fonds constituait le meilleur placement, compte tenu de la pénalité qu'il encourrait s'il s'avisait de placer son argent ailleurs en cas de nécessité.

Albert, lui, ne parvenait pas à sélectionner l'article promotionnel qui l'aiderait le mieux à faire de la réclame pour ses deux clubs de santé. Il rencontra bon nombre de distributeurs, consulta des dizaines de catalogues et examina même des centaines de gadgets au cours d'une exposition consacrée à ce genre de produits. Mais Albert craignait de dépenser pour des milliers de cadeaux inutiles qui lui resteraient sur les bras s'il venait à faire le mauvais choix. Des mois passèrent ainsi. Il se décida enfin à commander 300 porte-clés et à laisser passer l'occasion d'en commander 2000 à un coût unitaire moindre. Il lui a fallu un mois pour comprendre que les porte-clés en question n'étaient pas aussi populaires qu'il l'avait espéré, mais cette information lui a permis depuis de trouver exactement ce qu'il cherchait. Désormais, il distribue des porte-clés dotés d'une lampe de poche miniature que ses clients sont très heureux de conserver sur eux, ce qu'Albert avait souhaité dès le début.

Si vous temporisez sous prétexte qu'une décision vous semble irréversible, essayez d'atténuer la pression qu'elle engendre. Peut-être existe-t-il une politique de reprise ou une disposition vous permettant de résilier un contrat ; peut-être avez-vous la possibilité de prendre un engagement à court terme, de commander certains produits en petite quantité ou de changer d'avis d'une manière ou d'une autre si les événements ne prennent pas la tournure désirée.

S'informer par soi-même ou consulter un expert avant de décider

Il arrive que certains tardent à passer à l'action pour le motif qu'il leur manque des éléments pour prendre une décision éclairée. Ils se sentent pitoyables, ridicules ou ignorants. Il leur faudrait consulter un médecin, mais ils sont incapables de faire le bon choix. Ils ignorent comment dénicher le conseiller juridique, l'entrepreneur en construction, le conseiller financier ou le mécanicien qui leur convient. Ou encore ils aimeraient retarder le plus possible le moment où ils devront acheter une voiture ou tout autre objet utile. Ils sont persuadés qu'il existe des gens mieux qualifiés qu'eux pour prendre ce genre de décision.

Pour résoudre ce dilemme, il importe de se renseigner par soi-même ou de demander l'avis d'un expert. Examinons chacune de ces deux possibilités. Je n'entends pas, par se renseigner, rester pencher pendant des heures sur des données statistiques. Je veux simplement dire : demandez conseil à des amis ou à des gens qui possèdent déjà ce que vous comptez acquérir ou qui connaissent un de ces spécialistes que vous entendez consulter. Vous serez surpris de voir à quel point ces personnes seront heureuses (et flattées) de pouvoir vous rendre service.

Un vendeur peut également vous être d'une grande utilité. Si, par exemple, vous désirez acquérir un ordinateur, rendez-vous dans trois boutiques différentes et demandez à ce qu'on vous renseigne sur les caractéristiques des divers appareils en magasin. Si un représentant fait pression sur vous, dites-lui la vérité : vous comparez les prix et les produits et vous avez encore quelques endroits à visiter, mais il n'est pas impossible que vous reveniez le voir. Quand vous sortirez de la troisième boutique, vous aurez une série de questions intelligentes à poser, vous aurez une bonne idée de ce que vous voulez et vous vous sentirez mieux informé et capable de prendre une sage décision, que vous choisissiez de retourner voir un des vendeurs déjà rencontrés ou de poursuivre vos recherches ailleurs.

La même chose s'applique lorsque vous entreprenez de faire rénover votre maison ou de redécorer votre bureau. Fixez rendez-vous à trois représentants et demandez-leur de vous préparer gratuitement un devis. Si l'un d'eux veut vous forcer à signer un contrat, dites-lui simplement que vous souhaitez faire une étude comparative des coûts et consulter pour ce faire d'autres professionnels du métier, mais qu'il se pourrait que vous reteniez par la suite les services de la société qu'il représente. Encore là, vous vous retrouverez avec une liste de questions intelligentes et avec des connaissances accrues, sans compter que vous pourriez même avoir droit à une réduction.

Vous serez parfois surpris de constater avec quelle facilité un rêve peut devenir réalité ou la solution à un problème peut se présenter à vous. Ainsi, Gisèle détestait le comptoir vert, affreux et démodé de sa cuisine, mais elle s'imaginait qu'il lui en coûterait une petite fortune pour le faire changer. Après avoir comparé les prix, elle refit le dessus du comptoir (avec l'aide de son frère) pour moins que le prix de la petite télé qu'elle avait installée dans sa cuisine l'année précédente. Outre que se renseigner de la sorte est fort instructif, on finit par y prendre vraiment plaisir !

En ce qui concerne les experts, mon intention n'est pas de vous inciter à dépenser tous vos sous pour obtenir l'avis de différents spécialistes, loin de là. Donnez plutôt un coup de fil à une de vos connaissances qui travaille dans le domaine qui vous intéresse ou qui possède une mine de renseignements à ce sujet. Demandez-lui si elle est disposée à vous expliquer comment orienter vos recherches, à vous faire quelques recommandations ou, ce qui serait encore mieux, à vous accompagner la prochaine fois que vous ferez la tournée des boutiques ou des magasins. Si votre demande vous paraît par trop audacieuse, offrez à cette personne une faveur ou invitez-la à déjeuner en échange de ses services, ou proposez-lui à tout le moins de la dédommager.

Pauline souhaitait faire l'achat d'une voiture mais, comme elle n'y connaissait rien, elle n'osait faire la tournée des concessionnaires. Je lui suggérai alors de faire appel aux services d'un conseiller, à savoir d'inviter un ami qui se passionnait pour les automobiles à visiter les salles d'exposition en sa compagnie. Elle avait effectivement un copain qui correspondait à ce profil, mais elle ne se sentait pas disposée à lui lancer pareille invitation de peur de passer pour une idiote.

Je ne suis pas d'accord sur ce point. Personne ne peut tout savoir. Il y a forcément des choses que nous ignorons, ce qui ne veut pas dire que nous sommes stupides pour autant. Cela signifie simplement que nous en savons peu sur certains sujets et il n'y a aucune honte à l'avouer. À mes yeux, il n'y a rien de plus intelligent que de demander conseil à un expert dans un domaine dont on ignore tout quand vient le temps de prendre une décision éclairée à ce sujet.

Ainsi, une propriétaire de camping prénommée Hélène ne s'est pas gênée pour agir de la sorte et consulter plusieurs experts. Elle avait besoin d'un logiciel plus performant pour mieux gérer son entreprise, mais continuait de se débrouiller tant bien que mal avec l'ancien. Elle ignorait en fait quel logiciel était le plus susceptible de répondre à ses besoins. Elle commença donc à demander conseil autour d'elle et, bientôt, plusieurs de ses amis rappliquèrent pour l'aider à prendre une décision à ce sujet. L'un d'eux se rendit avec elle à une boutique d'informatique, où ils s'amusèrent à essayer les plus récents logiciels de gestion offerts. Grâce à ses précieux conseils, elle put s'équiper convenablement.

Plus vous approfondissez la question et vous vous exercez à prendre des décisions, plus vous acquérez confiance en vos moyens. À mesure que votre confiance en vous grandira, votre crainte de prendre des décisions ira en s'atténuant. Il se peut qu'un sentiment d'épuisement vous gagne parfois à force de tout décider ; il vous suffit alors de laisser votre esprit se reposer quelque temps. Il s'agit en pareil cas d'une décision consciente qui n'a rien à voir avec le fait de temporiser de peur d'avoir à prendre des décisions.

Définir ses priorités

Il faut parfois agir en fonction de certaines priorités, soit parce que les problèmes à résoudre sont trop nombreux et que vous ne pouvez vous attaquer à tous à la fois, soit parce que vous jugez inutile de dépenser l'équivalent de 1 000 $ en temps, en énergie et en efforts sur un projet qui ne vous rapportera que 10 $.

Thérèse, par exemple, a passé des semaines à faire les magasins avant d'acheter un magnétoscope d'une valeur de 300 $ alors qu'elle s'est permis d'investir 2 000 $ dans un projet sans vraiment prendre le temps d'y réfléchir. Plus la décision à prendre est importante ou implique le débours d'une somme considérable, plus il est judicieux de procéder avec circonspection, ne trouvez-vous pas ? Thérèse aurait donc intérêt dorénavant à bien définir ses priorités avant de prendre des décisions.

Tarder à prendre une décision
peut avoir des conséquences graves

On dit que le fait de ne pas décider constitue en soi une décision. C'est exact, et cela peut même représenter une grave erreur.

Les gens s'imaginent qu'ils se facilitent la vie en temporisant. En conséquence, ils préfèrent dépenser une fortune à tenter de réparer leur vieille bagnole plutôt que de se tracasser avec les décisions liées à l'achat d'une voiture neuve ou d'occasion. Ils vivent entourés d'appareils rafistolés ou mal réparés qui fonctionnent plus ou moins bien, non pas parce qu'ils ne possèdent pas l'argent nécessaire pour les remplacer, mais parce qu'ils sont impuissants à se décider à faire la tournée des magasins. Ils rêvent pendant des années de prendre des vacances, mais ils ne sont pas fichus d'épargner ou de planifier en conséquence. Ils continuent de fumer, de boire ou de se droguer, de jouer, de prendre du poids ou de rester dépendants d'un conjoint qui abuse d'eux parce qu'ils ne parviennent pas à demander conseil ou à trouver de l'aide.

Puis, quand ils atteignent un âge avancé, ils se prennent à regretter de ne pas avoir développé leurs talents ou de ne pas avoir poursuivi leur rêve d'une vie meilleure pour eux et leur famille. Ils se demandent pourquoi les choses ont mal tourné pour eux, sans jamais se rendre compte qu'ils allaient devoir tôt ou tard payer le prix de leur indécision. La plupart des gens ne se perdent habituellement pas en regrets au sujet des mauvaises décisions qu'ils ont pu prendre dans leur vie ; ils déplorent plutôt de ne pas avoir su prendre de décision au bon moment.

COMMENT VAINCRE SES PEURS

Il existe une telle variété de peurs différentes qu'il est vain de chercher à les examiner toutes en un seul chapitre. Néanmoins, voici un conseil qui vous aidera à surmonter la plupart des craintes qui vous poussent à temporiser. Posez-vous les deux questions suivantes et tentez d'y répondre le plus honnêtement possible.

Demandez-vous tout d'abord : « De quoi ai-je peur ? » Si vous parvenez à identifier votre peur en la nommant, vous lui enlèverez une bonne partie du pouvoir qu'elle a sur vous.

Puis posez-vous la question : « Que se passerait-il si mes pires craintes se réalisaient de la pire manière qui soit ? » Imaginez par exemple qu'on vous rejette en vous disant : « Je n'achèterais pas votre camelote même si ma vie en dépendait. » Vous en seriez profondément affecté, certes, mais vous vous en remettriez. *Idem* s'il vous arrivait de commettre une erreur, d'avoir l'air ridicule ou de prendre la mauvaise décision. Cela s'est déjà produit et cela se reproduira. C'est terrible à supporter, mais vous n'en mourrez pas. Quelles que soient vos craintes, amplifiez-les au maximum dans votre esprit. Songez au pire qui pourrait vous arriver. Vous survivriez, n'est-ce pas ? Parfois, vos pires craintes représenteraient un moindre mal, si elles se réalisaient, en regard de ce que vous endurez à cause de votre manie de remettre les choses à plus tard.

Une fois que vous aurez identifié vos craintes et osé les regarder en face, une fois que vous en aurez exagéré la portée et compris que vous n'en mourrez pas — voire que cela vous servira de leçon — si elles deviennent réalité, alors vous pourrez entreprendre tout ce que vous avez toujours laissé en suspens, et commencer enfin à prendre votre vie en main.

Pensées à méditer

Le perfectionnisme ne se définit pas par la quête de ce qu'il y a de meilleur, mais plutôt de ce qu'il y a de pire en nous, à savoir cette partie de nous-mêmes qui n'est jamais satisfaite de quoi que ce soit et qui nous pousse à recommencer sans cesse.

Julia Cameron

S'il fallait attendre de pouvoir accomplir les choses sans que la moindre trace de défaut ne soit visible, on n'accomplirait jamais rien.

Auteur inconnu

Quand on vise la perfection, on s'aperçoit qu'il s'agit d'une cible changeante.

George Fisher

Il n'y a pas de moment idéal pour écrire. Il n'y a que l'instant présent.

Barbara Kingsolver

Pensées pour aider à surmonter la peur

Ne laissons pas nos peurs nous empêcher de poursuivre nos rêves d'espoir.

John F. Kennedy

Ce que vous craignez d'accomplir constitue une indication claire de ce que vous devez accomplir en premier.

Ralph Waldo Emerson

Le mot PEUR s'épelle :
Prétexte pour
Estomper l'
Urgence de
Réagir

Auteur inconnu

Pensées pour aider à prendre des décisions

Rechercher la sécurité relève de l'illusion. Rien de tel n'existe dans la nature. Soit la vie correspond à une aventure périlleuse, soit elle ne correspond à rien.

Helen Keller

Bonne ou mauvaise, ta décision
T'apportera le repos de l'esprit.

Thornton Burgess

Au moment de prendre une décision,
Il est toujours préférable de faire le bon choix en premier lieu ;
Il est souhaitable de faire le mauvais choix en second lieu ;
Mais il n'y a rien de pire que de ne faire AUCUN choix.

Teddy Roosevelt

EXERCICE PRATIQUE

1. Indiquez dans la colonne de gauche les cinq choses que vous avez le plus tendance, à l'heure actuelle, à remettre au lendemain.

_____ _____

_____ _____

_____ _____

_____ _____

_____ _____

2. Indiquez dans la colonne de droite, vis-à-vis ces cinq éléments, les peurs qui vous empêchent de les réaliser.

3. Quelles peurs vous poussent généralement à temporiser? Mettez-les par écrit. _____

_____

_____

4. Revoyez la liste des 101 choses que vous avez à faire et sélectionnez les 10 que vous souhaiteriez le plus voir s'accomplir.

• Sont-elles différentes des cinq indiquées ci-dessus?
• Dans quelle mesure votre tendance au perfectionnisme vous empêche-t-elle de les réaliser? Attendez-vous, pour vous y mettre, le moment idéal ou que les circonstances soient favorables?

SI JE DEVAIS RECOMMENCER MA VIE

par Nadine Stair, de Louisville au Kentucky
(âgée de quatre-vingt-cinq ans au moment d'écrire ce texte)

J'oserais commettre davantage d'erreurs. Je garderais mon calme. Je serais plus dégourdie. Je ferais plus de folies que je n'en ai faites cette fois-ci. Je prendrais moins de choses au sérieux. Je prendrais plus de risques. Je voyagerais davantage. Je gravirais davantage de montagnes et je nagerais dans un plus grand nombre de rivières. Je mangerais plus de glaces et moins de haricots. J'aurais peut-être davantage de maladies réelles mais certainement moins de maladies imaginaires.

Voyez-vous, je suis une de ces personnes qui vivent sagement et sainement heure après heure, jour après jour. Bien sûr, j'ai vécu de bons moments, mais si je devais recommencer je ferais en sorte d'en connaître davantage. D'ailleurs, c'est tout ce que j'essaierais de faire : vivre de bons moments. L'un après l'autre, au lieu de vivre en pensant à demain. Je suis de ceux qui ne sortent jamais sans leur thermomètre, leur bouillotte, leur parapluie et leur parachute. Si je devais recommencer, je me chargerais moins avant de partir en voyage.

Si je devais revivre ma vie, je me promènerais pieds nus plus tôt au printemps et jusque tard en automne. J'irais plus souvent au bal. J'irais plus souvent cueillir des marguerites.

CHAPITRE 5

« Je voudrais pouvoir tout faire en même temps ! »

Paradoxalement, les gens remettent les choses à plus tard pour la bonne raison qu'ils veulent tout faire en même temps. Ils demandent l'impossible.

Certains de ces temporisateurs sont même énergiques et ambitieux, mais pas obligatoirement motivés par l'argent. D'autres mènent une vie active et mouvementée. D'autres encore, qui font des pieds et des mains pour se sortir d'une impasse, accomplissent le boulot de deux ou trois personnes à la fois. Mais la frénésie qui s'est emparée d'eux ne les quitte pas pour autant après le travail. Ils ont encore quantité de choses à régler dès leur retour au foyer, comme en témoigne leur porte-documents qui déborde.

Ces gens-là n'ont de toute évidence pas de temps à consacrer à leur famille.

Ni à leurs amis.

Ni à leurs loisirs.

Ni même à leur vie.

Voici la charmante histoire d'une petite écolière qui demanda un jour à son papa pourquoi sa maman ramenait tant de travail à la maison après le bureau. Celui-ci expliqua que la mère ne parvenait pas à terminer son travail dans la journée. La fillette de six ans demanda alors : « Dans ce cas, pourquoi ne met-on pas maman dans le groupe des plus lents ? »

Peut-être n'avons-nous pas un tel choix, mais on peut néanmoins se demander pourquoi nous sommes tous si occupés. Se pourrait-il que le fait d'être débordé corresponde à une nouvelle manière d'afficher son statut social ? (« Vous pensez être occupé ? Ce n'est rien à côté de tout ce que j'ai à faire ! ») Vous est-il déjà arrivé de recevoir à Noël des lettres de parents qui énumèrent les diverses activités auxquelles leurs enfants ont participé durant l'année écoulée, et qui terminent par quelques phrases sur leurs propres occupations ? Comme si le fait d'être occupé était l'équivalent d'être heureux et prospère : « Quand vous saurez à quel point je suis occupé, vous saurez à quel point tout va très bien pour moi. »

ÊTES-VOUS UN TEMPORISATEUR SAIN ?

Certains ont tendance à reporter certaines tâches ou à les laisser en plan parce qu'ils sont constamment attirés par de nouveaux projets. Ils sont dotés de ce que j'appelle Super Attention et Ivresse Naturelle (SAIN). Cette catégorie de temporisateurs se laissent totalement prendre par un projet qu'ils jugent intéressant, mais à peine sont-ils à mi-parcours qu'ils laissent tout tomber après avoir été séduits par quelque chose d'encore plus enivrant.

Dorothée, qui est directrice d'une entreprise prospère, en est un exemple parfait. «Depuis que je suis gamine, déclare-t-elle, j'ai toujours eu cette étrange capacité de concentrer mon attention. Dès que quelque chose piquait ma curiosité, mon cerveau se mettait en branle et toute mon attention se portait sur cette chose. Je débordais alors d'enthousiasme et plus rien d'autre n'avait d'importance pour moi. Si une enseignante captait mon attention, je n'arrivais pas à détourner mon regard d'elle. Si un livre me passionnait, le reste du monde aurait pu disparaître que je ne m'en serais pas aperçu. Puis, soudain, quelque chose de nouveau attirait mon attention tout entière et j'oubliais ce qui me captivait encore une minute auparavant. Avec comme résultat que je laissais traîner les choses.»

Pareil comportement peut avoir comme conséquence de vous faire perdre la maîtrise de votre vie tout entière. Vous menez de front trop de projets qui demeurent inachevés parce que vous vous passionnez à tout coup pour une idée nouvelle qui vient interférer avec un projet en cours que vous mettez dès lors de côté. Votre agenda est surchargé de rencontres, de réunions, de rendez-vous, de fêtes, etc. Vous écoutez la radio ou la télé tout en essayant de travailler. Au cours de vos conversations, vous sautez du coq à l'âne sans jamais approfondir un seul sujet. Ce mode de vie procure certes un sentiment d'ivresse et d'excitation, mais il est aussi source d'épuisement.

Curieusement, les gens hyperactifs semblent souvent démontrer les signes de Super Attention et Ivresse Naturelle déjà mentionnés : dans la mesure où leur esprit vagabonde d'une idée à l'autre, ils laissent derrière eux quantité de projets inachevés. Si tel est votre cas, il n'est pas nécessaire, pour terminer ce que vous avez commencé, de réprimer votre curiosité ou votre enthousiasme pour tout ce qui est nouveau. Histoire de mieux concentrer votre attention sur la tâche qui vous occupe, utilisez un minuteur. Ou, si une nouvelle idée vous vient à l'esprit alors que vous travaillez déjà à un projet, faites en sorte que votre récompense pour avoir fini celui qui vous occupe consiste à commencer le suivant. À l'aide de telles stratégies et des autres suggestions contenues dans ce livre, vous apprendrez à concentrer votre attention sur une tâche à la fois et à faire le suivi de vos projets – ainsi qu'à les mener à bien – au lieu de les abandonner chaque fois qu'une occasion nouvelle pointe à l'horizon.

Quatre signes qui vous aideront à découvrir si vous êtes un temporisateur SAIN

1. Quand vous êtes absorbé par une tâche, vous oubliez ce qui se passe autour de vous.
2. Vous êtes au milieu d'un projet quand l'idée vous prend soudain de faire un appel ou de vous atteler à une autre tâche.
3. Votre intérêt pour les choses est passager. Ainsi, vous semez avec passion des légumes dans votre potager au printemps ; au moment de la récolte, votre enthousiasme s'étant envolé, vous les laissez pourrir sur place. Vous entreprenez une activité sportive ou vous vous adonnez à un nouveau passe-temps pendant un certain temps, puis vous vous en lassez. (Songez à ces équipements de sport ou à ces instruments de musique dont vous vous êtes à peine servi avant de les remiser à jamais dans un placard !)
4. Votre bureau ou la table de votre salle à manger ressemble à un fouillis, mais vous parvenez néanmoins à vous y retrouver parmi les papiers, boîtes et autres objets qui y sont empilés pêle-mêle.

CONVERSATION INTIME… AVEC SOI!

Si vous faites partie de ces temporisateurs qui voudraient tout faire en même temps, voici une solution efficace à votre problème : Commencez à vous parler à vous-même (pas nécessairement à voix haute!). Chaque fois que vous êtes tenté de mettre les turbos, dites-vous que vous ne pouvez tout accomplir d'un seul coup. Prenez le temps d'être sélectif; de déléguer; de refuser certaines tâches; de rationaliser vos efforts; de mener les combats qui en valent la peine; d'établir vos priorités. Dites-vous : « Il est important que je termine ceci. Le reste attendra. »

Tant que mes enfants étaient en bas âge, je suis restée mère au foyer et, comme bien des familles qui ne peuvent compter que sur un seul revenu, nous avions très peu d'argent à notre disposition. J'étais à ce point anxieuse et préoccupée, quand nous ne pouvions payer les factures, que je me rendais malade. Un jour que notre situation était au plus mal, je suis tombée sur le poème intitulé «Jacinthes pour nourrir ton âme» (voir encadré page 100), qui m'a aidée à retrouver mon équilibre. Ce poème est devenu partie intégrante de ma philosophie de la vie et, lorsque les montants des factures dépassaient nos capacités de payer, je prenais congé et je passais la journée au jardin zoologique ou au musée. Ou encore j'organisais un pique-nique en racontant à mes enfants que, même quand on est fauché, il importe de toujours se rappeler de garder des jacinthes pour nourrir son âme.

Avec les années, je me suis rendu compte que le temps était devenu pour moi aussi précieux et aussi rare que l'argent. Les jours où j'avais l'impression de courir dans tous les sens à la fois, sans même avoir le temps de souffler ou de regarder où j'allais, je jugeais que le moment était propice pour faire une pause afin de me reconnecter avec moi-même et avec ma famille. Mes enfants comprenaient très bien de quoi il retournait, car, chaque fois que la machine commençait à s'emballer dangereusement à la maison, l'un d'eux lançait : «C'est l'heure de nourrir notre âme

avec des jacinthes. » Et nous faisions une pause, le temps de re-
devenir plus humains.

Jacinthes pour nourrir ton âme
par Gulistan Saadi

Si de tes biens mortels es dépouillé,
Et que de tes maigres provisions
Seules deux miches te sont restées,
L'une vends, et avec la compensation
Des jacinthes pour nourrir ton âme te procures.

Lorsque notre famille s'est élargie, nous avons transmis
cette philosophie à nos proches. En 1994, mon fils Robb a
épousé une magnifique jeune femme prénommée Michelle.
Une semaine avant le mariage, par une superbe journée d'oc-
tobre, nous nous sommes rendus tous les trois faire un pique-
nique au bord d'un lac. Le ciel était d'un bleu pur, les arbres
flamboyaient et l'air était vif. La future épouse regardait par terre
en marchant, tout en murmurant : « Il reste six jours avant le
mariage. J'ai tellement de listes de choses à faire que j'ai établi
une liste géante pour répertorier les autres listes, et voilà que
je vais faire un pique-nique parce que Robb m'a dit que vous
alliez m'en expliquer la raison et que c'était lié à une histoire
de jacinthes. »

J'ai alors éclaté de rire, puis je lui ai parlé du poème en question et de la signification qu'il avait pour moi. Nous avons ensuite poursuivi notre pique-nique. C'est ainsi que, par ce bel
après-midi rafraîchissant, nous avons tous pu refaire nos forces
tout en nous prélassant. Michelle m'a par la suite avoué qu'elle
s'était sentie beaucoup mieux en s'attaquant aux derniers préparatifs du mariage. Elle avait davantage centré son attention sur
le fait qu'elle allait s'unir à mon fils que sur les cartons d'invitation, la réception et tous les autres détails secondaires.

En 1996, Robb et Michelle ont eu un fils qu'ils ont appelé Connor Patrick Emmett. Celui-ci avait à peine trois mois quand Michelle – en plus de s'occuper du nouveau-né – a dû préparer ses examens d'infirmière. Elle m'appela pour m'inviter à pique-niquer avec elle et Connor. Je lui objectai: «Mais Michelle, tes études et le bébé te prennent tout ton temps...»

«Je sais, répliqua-t-elle. Mais nous avons décidé de faire une pause; c'est à propos de jacinthes.»

Elle avait compris le message! Et j'ose croire que c'est aussi votre cas. C'est lorsque vous vous sentez subjugué qu'il importe de faire une pause, de prendre du recul par rapport à votre situation et de refaire le plein d'énergie.

Voici les réflexions de Dolorès, une contrôleuse des finances qui travaille comme dix et mène un train d'enfer: «Mon espérance de vie est de soixante-dix-huit ans. Je ne peux pas pratiquer telle activité pour le moment, mais j'espère avoir un jour le temps de faire partie de tel groupe, de développer telle idée ou d'entreprendre tel projet.» De cette façon, elle conserve son équilibre et atténue une partie du stress dans lequel elle baigne. Il n'y a pas de mal à vouloir tout faire, du moins tant que vous gardez à l'esprit que vous ne pouvez tout accomplir en même temps. Vous devez apprendre à refuser certains projets intéressants à l'occasion.

Très souvent, on temporise parce qu'on est sollicité de toutes parts alors qu'on est déjà surchargé de travail. Si vous êtes de ceux qui veulent tout faire, c'est que vous aimez la vie et que vous voulez vivre au maximum. Toute idée nouvelle vous séduit. Toutes les causes vous paraissent bonnes. Toutes les activités vous passionnent. Tout le monde a besoin de vous. Alors vous acquiescez à toutes les propositions, quitte à jongler avec les trop nombreux engagements pris... et c'est alors que vous temporisez!

SAVOIR SE FIXER DES LIMITES

Pour briser le cercle vicieux dans lequel vous vous êtes enfermé, il vous faut d'abord vous fixer des limites. Quand on vous demande d'en faire plus que ce dont vous êtes capable, répondez simplement : « J'aimerais bien consacrer un peu de temps à cette noble cause, mais je ne peux pas présentement. » Ou encore : « Je serais heureux de pouvoir assister à cette réunion, mais cela m'est impossible ce mois-ci. »

Certains ne ressentent pas le besoin d'éliminer certaines activités de leur vie, mais ils jugent utile d'inclure des jours de repos dans leur horaire chargé. Ils se réservent par conséquent une journée ou une portion de journée afin de se ressourcer ou de rattraper le temps perdu. Ils déclinent dès lors systématiquement toute invitation et renoncent à toute activité susceptible d'interférer avec leur décision.

Certains utilisent de tels moments pour accomplir les innombrables tâches domestiques qu'ils ont négligées dans la semaine. D'autres en profitent pour planifier, réévaluer leurs objectifs ou s'en fixer de nouveaux. D'autres encore se contentent de se détendre afin de refaire le plein d'énergie.

La plupart de ceux qui ont des horaires très chargés et qui, malgré tout, parviennent à gérer leur temps adéquatement – tout en évitant de temporiser – sont des gens qui ont appris à fonctionner à leur rythme. Ils font des pauses au cours de la journée, ils se réservent du temps à eux chaque semaine ou ils programment les moments qu'ils consacrent aux amis et connaissances, les moments de détente ou tout autre moment qui leur permettra de recharger leurs batteries.

Les causes du surmenage tiennent essentiellement :

- à l'incapacité de régler son rythme de travail ;
- à l'incapacité de mener une vie équilibrée ;

- et à l'incapacité de refuser une tâche lorsque cela s'avère nécessaire.

Marie aime se réserver une matinée ou un après-midi à l'occasion afin de s'ajuster au cours des événements. Elle ne prend alors aucun engagement et se contente de regarder ce qu'il y a à faire dans la maison, sur son bureau, à l'ordinateur, etc. Le lendemain de Noël reste encore son jour de prédilection. Elle se le réserve uniquement pour refaire le plein d'énergie. Sachant que ce jour de congé approche, elle peut se dépenser à fond au moment des préparatifs de Noël. «Même si je suis fatiguée, se dit-elle, je peux encore terminer ceci ou cela ce soir, parce que j'ai une journée de repos complet qui m'attend.»

Si vous êtes du genre à vouloir tout entreprendre, il vous paraîtra de prime abord difficile de renoncer à certaines activités ou de vous réserver du temps pour vous, mais, à la longue, vous y arriverez tout naturellement. Et plus vous serez à l'aise de refuser certaines propositions, plus vous deviendrez maître de votre temps et de votre vie… et moins vous temporiserez!

Je me souviens encore du jour où ma fille Kerry a appris une importante leçon à ce sujet. Un soir, après avoir donné un séminaire de huit heures sur la gestion du temps, je rentrai à la maison et la trouvai assise à table, une liste à la main. Elle venait à peine d'entrer au secondaire et s'était inscrite à diverses activités parascolaires. Elle était découragée. Dans son trop grand désir de participer à tout, elle avait oublié qu'elle ne pouvait tout faire en même temps. Elle avait donc noté par écrit les noms des groupes auxquels elle s'était inscrite.

«Maman, je suis débordée. Il faudra que je laisse tomber certaines activités.»

Remplie d'enthousiasme à la suite du séminaire que je venais de donner, je lui lançai: «Kerry, c'est superbe! Tu viens juste de découvrir un secret fondamental concernant la gestion du temps. La plupart des gens ne se rendent pas compte, quand ils sont trop occupés, qu'ils doivent faire un choix. Ils ont le choix de refuser de faire certaines activités. » Mon fils Robb, qui était entré dans la salle à manger entre-temps, prit un air étonné.

- Dis, maman, c'est vraiment ça le secret de la gestion du temps ?
- Ouais !
- Et c'est ce que tu apprends aux gens dans tes séminaires ?
- Ouais !
- Dans ce cas-là, pourquoi t'as besoin de *huit heures* pour leur dire ça ?

Pensées à méditer

Si vous pouvez vous occuper à des choses parfaitement inutiles pendant un après-midi parfaitement inutile, c'est que vous avez appris à vivre.

Lin Yutang

Seigneur, aide-moi à trouver ce que je dois faire en premier, en deuxième et en troisième lieu aujourd'hui, et aide-moi à éviter de vouloir tout faire en même temps et de ne rien faire de bon. Donne-moi la sagesse de déléguer ce qui peut l'être et de planifier ce qui ne peut l'être, de refuser ce que je ne peux faire, et donne-moi la faculté de reconnaître le moment de rentrer à la maison.

Marion Wright Edelman

Il est facile de dire «non» quand il existe un «oui» plus intense qui brûle comme un feu dévorant au fond de soi.

Auteur inconnu

Je peux m'asseoir au bord d'un lac à ne rien faire pendant une heure. Cela me permet de rêvasser et de mettre de l'ordre dans mon esprit.

Diane Sawyer

Le temps est l'étoffe dont la vie est tissée.

Benjamin Franklin

Si mon temps je consume
À courir dans tous les sens
Sans rien faire en permanence,
Il me faut prendre congé,
Sur l'herbe m'allonger
Et rattraper le temps perdu.

Rita Emmett

Pour aller plus vite, il faut parfois ralentir le rythme.

Ann McGee Cooper

EXERCICE PRATIQUE

Si vous pouviez disposer de tout le temps voulu et que vous n'ayez rien de plus urgent à faire :

• Que feriez-vous en premier lieu? _____

_____

• Que feriez-vous en deuxième lieu? _____

_____

• Que feriez-vous en troisième lieu? _____

_____

• Comment vous sentiriez-vous après avoir accompli ces choses?

_____

_____

EXERCICE SUPPLÉMENTAIRE
(Répondez rapidement à ces questions.)

1. Est-ce que je remets au lendemain des choses importantes pour moi sous prétexte que ce qui est urgent pour les autres prend le pas sur mes priorités ?

OUI   NON

2. Est-ce que je prends tellement d'engagements à la fois que je n'ai pas le temps d'en tenir aucun et que je me sens constamment débordé de travail ?

OUI   NON

3. Est-ce que j'estime pouvoir me passer des stratégies que les autres utilisent pour gérer adéquatement leur temps ?

OUI   NON

4. Est-ce que ma famille et mes proches sont affectés par le surcroît de travail dont je suis accablé ?

OUI   NON

5. Est-ce que j'accomplis des tâches d'importance secondaire au lieu de m'occuper à temps de mes finances, de mes amis et connaissances, de ma santé ou de ma carrière ?

OUI   NON

6. Est-ce que je me consacre à un nombre si élevé de choses agréables qu'elles finissent par me submerger au point de devenir désagréables ?

OUI   NON

7. Est-ce qu'il m'arrive de me sentir éparpillé, agité ou épuisé parce que je suis débordé de travail?

OUI   NON

8. Est-ce que j'ai peur de rater quelque chose d'important au point où j'acquiesce à toutes les sollicitations qui me sont faites?

OUI   NON

9. Est-ce que je continue à fréquenter des gens que j'éprouve moins de plaisir à fréquenter qu'autrefois?

OUI   NON

Si vous avez répondu par l'affirmative à l'une ou l'autre de ces questions, la solution à votre problème de procrastination consiste à commencer à refuser certaines requêtes et à dire «non» à quelques-unes des multiples sollicitations dont vous faites continuellement l'objet.

CHAPITRE 6

« *Au secours, je suis débordé !* »

Voici une des causes principales de la procrastination : les gens sont débordés de travail ou submergés de tous côtés. Ils se sentent écrasés par le poids de tout ce qu'ils ont à accomplir. Les tâches qui les attendent sont si nombreuses ou le projet auquel ils se sont attaqués leur semble si gigantesque et si compliqué qu'ils en sont comme paralysés. Ils cessent de réfléchir, de prendre des décisions et de passer à l'action.

C'est le cas des étudiants qui doivent préparer des examens ou remettre plusieurs travaux en même temps. C'est également le cas des employés de bureau qui ont à mettre un projet en branle ou à préparer une réunion importante. Sont aussi dans la même situation les représentants qui ont des quotas de vente à respecter et qui se demandent anxieusement : « Comment vais-je bien pouvoir atteindre pareil objectif ? »

À la maison, on peut de même se sentir subjugué par le fait d'avoir à mettre de l'ordre dans ses papiers, ou simplement d'avoir à garder le contact avec les parents et amis. Déménager ou s'attaquer aux préparatifs de Noël représente aussi une tâche insurmontable pour certains. Pour d'autres, devoir remplir leur déclaration de revenus ou s'occuper des nombreuses tâches quotidiennes peut suffire à les faire crouler sous le poids des responsabilités. Mais quelle que soit la raison de notre sentiment d'impuissance face aux événements, il en résulte souvent que nous figeons soudain sur place, incapables que nous sommes d'agir dans un sens ou dans l'autre.

Il se peut, certes, que la tâche à accomplir soit accablante sur le moment. De même, personne ne dispose du temps et de l'énergie nécessaires à la réalisation d'un projet à première vue imposant. La solution à ce problème se trouve contenue dans le proverbe chinois que voici : « Même un voyage de 10 000 kilomètres commence par un tout premier pas. » Vous pouvez trouver le temps et l'énergie nécessaires pour accomplir ce premier pas. Mais avant même d'entreprendre votre voyage, il vous faut déterminer avec précision où vous comptez vous rendre et quelles seront les étapes qui vous mèneront vers votre but.

Si vous deviez vraiment entreprendre un voyage aussi long, vous choisiriez d'abord votre destination, vous vous procureriez une carte qui vous aiderait à planifier votre itinéraire et vous vous renseigneriez au sujet du mode de transport le plus approprié pour vous y rendre. Vous constateriez, en cours de planification, qu'il vous faudrait franchir plusieurs étapes. Vous prévoiriez d'aller du point A au point B la première journée, du point B au point C le lendemain, et ainsi de suite.

MORCELEZ LE TRAVAIL EN SES DIVERSES COMPOSANTES

Dressez la liste des étapes à franchir en y inscrivant toutes les petites tâches qui font partie intégrante de tout projet *a priori* irréalisable. Si cette liste est elle-même trop impressionnante, divisez-la en plusieurs listes. Ou, si vous avez simplement noté vos idées sur des bouts de papier éparpillés aux quatre coins de votre bureau, regroupez-les sur une même feuille.

Essayez de réunir les divers éléments par ordre chronologique. Que devez-vous absolument accomplir cette semaine, la semaine prochaine, puis la suivante? Êtes-vous déjà en mesure d'établir des priorités? Vous n'êtes pas obligé de tout faire à l'étape A: gardez-vous du travail pour les étapes à venir. Préparez des listes différentes selon les tâches à accomplir: appels, travail de bureau, recherche, etc.

Une fois que vous aurez fragmenté votre projet en petites tâches clairement définies, faites un premier pas dans la bonne direction. Autrement dit, efforcez-vous d'accomplir une des tâches inscrites sur votre liste. Puis passez à la suivante. Si vous découvrez en cours de route qu'il vous sera impossible de les entreprendre toutes vous-même, essayez de voir si vous pouvez simplifier, déléguer, voire éliminer certaines tâches. Êtes-vous en mesure de sauter certaines étapes sans que le projet en soit compromis? Procédez étape par étape et l'ampleur de la tâche diminuera peu à peu.

D'après l'agent immobilier Sharon Borkowicz, la plupart des gens s'imaginent qu'il est tout simple de vendre une maison: il suffit de trouver un acquéreur, de l'aider à obtenir un prêt, de conclure la vente et c'est fini. Il en résulte que les nouveaux agents qui tentent leur chance dans l'immobilier sont vite dépassés par les multiples aspects de cette profession. À l'agence où travaille Sharon, on fournit à chaque agent une série de directives à suivre après avoir inscrit une propriété sur le marché. Cette liste comporte 75 étapes, qui vont de l'enregistrement auprès du service des inscriptions simultanées (M.L.S.) à la pose de la pancarte «À vendre», en passant par l'évaluation et la dernière visite de la propriété. Cette liste aide les agents à ne rien oublier et, surtout, à procéder étape par étape, de manière à leur éviter de se sentir submergés de travail.

Douze suggestions pour vous aider à travailler
avec plus d'efficacité au bureau

1. Mettez vos idées par écrit. Ne vous fiez pas à votre mémoire, même si elle est excellente !
2. Définissez vos priorités avant le début de chaque journée de travail.
3. Consacrez vos heures les plus productives à vos projets prioritaires.
4. Réalisez par étapes les projets qui vous demandent le plus de temps.
5. Ne vous surchargez pas de travail. Réservez-vous chaque jour des périodes de temps où vous ne serez pas en rendez-vous.
6. Concentrez-vous sur une tâche à la fois.
7. Faites des pauses et prenez le temps de vous promener et de vous étirer. Déjeunez à l'extérieur de votre bureau.
8. Assurez-vous que chaque chose soit à sa place. Rangez et classez les choses par catégorie.
9. Ne laissez pas de paperasse traîner sur votre bureau.
10. Mettez fin comme suit aux visites impromptues :
- Empilez des documents sur les chaises et fauteuils libres, obligeant ainsi tout visiteur inopportun à rester debout.
- Si une personne bavarde vous téléphone, faites-lui d'emblée savoir que vous n'avez que quelques minutes à lui consacrer et demandez-lui poliment d'en venir au fait.
11. Débarrassez votre bureau de tout document qui ne vous sert pas dans l'immédiat. Vous éviterez ainsi d'égarer des papiers importants ou de les mélanger à d'autres.
12. Prenez l'habitude de ne manipuler vos papiers qu'une seule fois.

Si vous prévoyez entreprendre à répétition le même type de projet, conservez la liste des étapes qui conduisent à sa réalisation et consultez-la régulièrement, comme cela se pratique à l'agence immobilière de Sharon. Plus d'un homme d'affaires appelé à voyager souvent estime que le fait de dresser la liste des choses à emporter les aide à se défaire de ce sentiment d'impuissance qui les envahit chaque fois qu'ils doivent faire leurs valises.

CEUX QUI POSSÈDENT DES LISTES, CEUX QUI N'EN ONT PAS ET CEUX QUI LES PERDENT

- Dis-moi, as-tu appelé madame Machin pour lui demander un devis?
- Zut! excuse-moi. Je suis tellement débordé de travail, ces temps-ci... sans compter que les choses se sont bousculées à la maison. Je n'ai tout simplement pas eu le temps.

Qui n'a pas déjà entendu ce genre d'excuses? Peut-être les avez-vous bafouillées vous-même. En réalité, quand on néglige de faire un appel ou quoi que ce soit d'autre, c'est parce qu'on a oublié de le faire et non parce qu'on était trop occupé. Et pour quelle raison oublie-t-on d'accomplir ce qui nous est demandé ? Parce qu'on ne l'a tout simplement pas noté sur sa liste de choses à faire !

De telles listes sont essentielles parce qu'elles vous aident à :

- vous rappeler ce qu'il y a à faire ;
- libérer votre esprit ;
- faire l'inventaire de ce qu'il y a à faire ;
- vous motiver en vous indiquant la direction à suivre ;
- vous fixer des objectifs ;
- définir vos priorités ;
- vous concentrer sur les tâches à accomplir ;
- éprouver une grande satisfaction le jour où vous pouvez biffer ce que vous avez terminé ;
- vous représenter le travail à accomplir ;
- ordonner et à clarifier vos idées (en vous permettant de passer du général au particulier).

Certains, n'ayant pas l'habitude de faire de telles listes, se réveillent le matin ou arrivent au travail en se demandant ce qu'ils feront de leur journée. Ils attendent le coup de fil ou les directives de leur patron qui leur indiqueront la route à suivre. D'une crise à l'autre, ils voguent à la dérive. Ils s'escriment à éteindre les incendies plutôt qu'à les prévenir. Comme ils n'ont pas établi de priorités, ils consacrent leur temps à des tâches sans importance tout en se plaignant de toujours avoir trop de choses à faire.

Quand on néglige de dresser la liste de ses priorités, on mène une vie inefficace et improductive. Alors que si on le fait, on met par écrit de manière exacte et précise ce que l'on a à faire.

Mais même les plus belles listes du monde ne vous seront d'aucune utilité si vous les perdez en cours de route. Certains spécialistes de la question notent leurs idées sur des feuilles géantes, sur de minuscules bouts de papier, sur des enveloppes toutes froissées ou à l'endos de fiches de versement bancaire. Leurs listes sont réparties de manière stratégique entre leur domicile, leur lieu de travail, leur portefeuille ou leur sac à main et leur voiture. Ils notent tout sur une liste avec un soin et une minutie extrêmes, mais sont malheureusement incapables de se rappeler ensuite où ils ont remisé cette dernière.

Pourquoi des gens passent-ils leur vie à rédiger et à perdre les listes des choses qu'ils ont à faire ? Le problème vient essentiellement d'un manque d'organisation. Choisissez un endroit où conserver votre liste et mettez-la toujours au même endroit. Certains préfèrent coller leur liste sur la porte du frigo ; d'autres la conservent dans un tiroir, dans leur portefeuille ou leur sac à main, sur leur bureau, sur le disque dur de leur ordinateur, etc. Qu'importe ! L'essentiel est de la déposer à un endroit précis où vous serez assuré de pouvoir la récupérer au besoin.

Loi d'Emmett relative à la perte d'objets personnels

Si vous parvenez difficilement à retrouver certaines choses, c'est probablement qu'elles ne sont pas à leur place.

J'ai connu des gens ayant une famille nombreuse ou dont le ménage grouillait d'activité et qui trouvaient néanmoins un endroit approprié où dissimuler leur liste de choses à faire au quotidien. Une mère de six enfants m'a raconté qu'elle glisse la sienne entre la saucière et le mur, sur la tablette supérieure du buffet de la cuisine. Voilà qui ne me paraît pas très commode, mais elle m'a affirmé que cela lui convient parfaitement depuis quinze ans. Avant qu'elle déniche cette cachette, ses enfants avaient la mauvaise habitude de changer la liste de place ou de s'en servir comme papier à gribouiller.

Certains planquent leurs listes dans la Bible, d'autres dans des plats en plastique, sous la télé portative, sur le frigo et à plein d'autres endroits inusités. Si vous disposez d'un agenda pour vos rendez-vous, rien ne vous empêche de conserver votre liste à l'intérieur. Ce qui compte, c'est de trouver un endroit approprié d'où vous pouvez consulter et modifier votre liste quotidiennement. Avec le temps, vous prendrez l'habitude de la conserver en lieu sûr. Et les bonnes habitudes sont tout aussi faciles à prendre que les mauvaises !

Si vous perdez vos listes parce que vous notez vos idées sur des bouts de papier qui s'égarent ou se retrouvent tôt ou tard à la corbeille, la solution à votre problème est simple : utilisez du papier de format plus grand. Un bloc-notes peut très bien faire l'affaire. Comme il en existe de différentes couleurs, il vous suffit d'en choisir un à votre goût et d'annoncer à tous qu'il s'agit de votre propriété privée. Les autres en viendront à se dire : « Si c'est du papier bleu, ce doit être à Maurice. Mieux vaut ne pas y toucher. » Bruce, mon mari, se sert d'une tablette à écrire rigide grand format de couleur rouge. Cela peut paraître étrange, mais elle est tellement visible qu'il peut difficilement la perdre de vue.

Carnets et cahiers sont également moins faciles à égarer que de simples feuilles de papier. Prenez d'ailleurs l'habitude de consigner tous vos messages téléphoniques et autres notes personnelles dans un calepin.

Régine, ingénieur en environnement, conserve son carnet dans le tiroir supérieur de son bureau. Quand on lui remet tous les messages qu'elle a pu recevoir durant son absence, elle y recopie aussitôt les noms et numéros de téléphone de ses correspondants. Cela lui évite d'avoir à laisser traîner de petits bouts de papier sur son bureau et lui permet ainsi de mettre de l'ordre là où le chaos pourrait facilement s'installer.

Si vous choisissez d'utiliser semblable cahier, inscrivez la date au sommet de votre liste mais ne déchirez pas les pages lorsque vous aurez accompli toutes les petites tâches qui y sont inscrites. Revenez plutôt en arrière de temps en temps et vous éprouverez alors une immense satisfaction à la vue de tout ce que vous aurez réalisé, sans compter que cela vous servira d'aide-mémoire le jour où vous vous demanderez si vous avez fait tel appel à telle date, par exemple. (Si, par ailleurs, vous avez oublié de noter le numéro de téléphone en question, il est encore là à votre disposition.)

Que faire maintenant si, d'une liste à l'autre, vous reportez sans arrêt certaines corvées inachevées ? Il importe alors de prendre une décision. Soit de les accomplir le jour même, soit d'indiquer dans votre agenda le jour où vous vous y mettrez, soit encore de les laisser tomber.

Si vous décidez de ne pas reporter une tâche sur une nouvelle liste, inscrivez à côté : «Non prioritaire» ou «NP». De la sorte, il n'y aura aucune confusion possible dans votre esprit. Premièrement, vous n'aurez pas à vous demander si vous l'avez biffée parce que vous l'avez accomplie ou parce que vous avez décidé de ne pas y donner suite. Deuxièmement, vous ne vous sentirez pas coupable, une semaine ou deux plus tard, d'avoir temporisé. En apercevant «NP» inscrit à côté de la tâche en question, vous saurez que vous avez pris une décision claire et nette, en fonction de vos disponibilités et de vos priorités d'alors. Les circonstances peuvent changer, toutefois. S'il convient soudain de remettre cette tâche au programme de la journée, il vous suffit de l'ajouter à votre nouvelle liste, tout en vous assurant de l'accomplir en priorité ce jour-là.

En dehors de ces suggestions qui vous aideront à éviter de perdre vos listes à cause d'un manque d'organisation de votre part, il nous faut examiner une autre des raisons pour lesquelles les gens perdent leurs listes. Dressez-vous de telles listes simplement pour faire plaisir à quelqu'un (à commencer par vousmême), pour ensuite les perdre par esprit de rébellion ? parce que vous n'avez nullement l'intention d'accomplir les tâches qui y sont inscrites ? Si tel est le cas, ne trouvez-vous pas que vous jouez là un jeu absurde ? Prenez le temps de répondre à cette question : À qui faites-vous réellement du tort en égarant vos listes ?

CENTRE PORTATIF DE GESTION DE PROJET

Il arrive parfois que certains projets requièrent davantage que de simplement dresser la liste des tâches à accomplir. Si, par exemple, vous devez obtenir des devis de différentes sources, rassembler des factures ou accumuler divers documents ou renseignements, il vaut mieux pour vous de créer ce que j'appelle un Centre portatif de gestion de projet. Procurez-vous à cette fin un dossier muni de pochettes et un cahier doté d'une reliure en spirale, si possible de la même couleur afin qu'ils deviennent indissociables. Rangez d'ailleurs toujours ce cahier à l'intérieur de votre dossier quand vous ne l'utilisez pas. La moindre information ayant trait à votre projet devra obligatoirement se retrouver dans les pochettes de votre dossier ou dans votre cahier. Munissez-vous d'autant de Centres portatifs de gestion de projet – chacun d'une couleur différente – que nécessaire à la réalisation des différents projets d'envergure auxquels vous comptez vous attaquer tant dans votre vie professionnelle que personnelle.

Pierre a utilisé cette formule pendant toute la durée des travaux de rénovation de sa maison. Ses enfants en sont venus à le taquiner chaque fois qu'il demandait : « Quelqu'un a-t-il aperçu mon dossier et mon cahier verts ? » Mais il affirme qu'il n'a jamais été aussi bien organisé de toute sa vie que lors de la réalisation de ce projet.

Voici un bon truc (pour ne pas dire une mesure indispensable) : trouvez un endroit sûr où ranger votre dossier et prenez l'habitude de toujours le remiser à cet endroit. Mettez toute information pertinente dans votre Centre portatif de gestion de projet. Notez tout ce que vous avez à faire dans votre carnet, en inscrivant la date en haut de votre liste ; ne déchirez pas la page quand tout sera terminé ; contentez-vous de mettre un crochet à côté de chaque tâche accomplie. Inscrivez les numéros de téléphone importants à l'endos des pages. Ne conservez pas de telles informations sur des bouts de papier, ils ne feraient que vous encombrer, comme vous vous en doutez bien maintenant.

Insérez dans les pochettes de votre dossier tout document utile : reçus, plans et esquisses, brochures, photos, publicité provenant de magazines ou de catalogues, graphiques, soumissions, etc. N'encombrez toutefois pas votre dossier d'informations relatives à d'autres projets que celui en cours. Utilisez un dossier et un carnet de couleurs assorties mais différentes pour chaque projet.

Si vous devez transporter des renseignements relatifs à un projet du bureau à la maison ou d'un endroit à un autre, vous avez l'assurance de tout avoir sous la main grâce à votre dossier portatif. Chaque fois que vous travaillez à votre projet, consultez fréquemment la liste des tâches à accomplir et procédez par étapes, en vous attaquant à une corvée à la fois. Jouissez ensuite du plaisir de cocher les éléments de votre liste qui sont terminés.

Gertrude, directrice des relations publiques pour le compte d'une importante société, utilise un Centre portatif de gestion de projet pour la préparation de chacune des deux conférences annuelles qu'elle a la responsabilité d'organiser. Elle se procure d'abord un dossier muni de pochettes et un carnet de la même couleur dans lesquels elle conserve : liste d'idées relatives au thème à développer, dépliants relatifs à tous les lieux où il est possible d'organiser une conférence, documents à remettre aux présentateurs de la séance générale et des ateliers, cadeaux publicitaires, idées de publicité, fiches d'inscription, badges, etc. Elle inscrit dans son carnet listes, numéros de téléphone et notes et conserve reçus et tout le reste dans les pochettes de son dossier. Elle apprécie grandement le fait que son projet soit portatif. Comme son dossier s'insère dans sa mallette, il la suit partout. Dès qu'elle a besoin d'un renseignement, elle l'a à portée de la main.

Gertrude inscrit dans son cahier la liste des choses qu'elle doit faire ; elle prend plaisir à mettre un crochet à côté des tâches accomplies dans la journée. Chaque fois qu'elle sent que la fatigue est sur le point de l'envahir, elle revient quelques pages en arrière et se redonne du courage à la vue de tout ce qu'elle a déjà accompli.

À la fin d'une conférence, elle range tous ses documents, y compris son cahier, dans un classeur. Outre l'étiquette apposée sur la chemise qui les contient, la couleur de la bordure de son carnet lui sert de point de repère lorsqu'elle doit les consulter. La couleur agit sur elle comme un déclic. Après un certain temps, elle en arrive à confondre les diverses conférences. Mais, lorsqu'elle consulte les renseignements soigneusement préservés dans son classeur, tout redevient clair dans son esprit. « Ma mémoire me revient. Dossier jaune égale conférence au Texas, il y a cinq ans. » Quand tout est bien classé et rangé, Gertrude ouvre un nouveau Centre portatif de gestion de projet d'une couleur différente. Et elle se remet au boulot, prête à organiser une nouvelle conférence.

QUEL EST LE MEILLEUR MOMENT POUR DRESSER VOTRE LISTE ?

Le meilleur moment pour rédiger votre liste – ou pour accomplir quoi que ce soit – dépend du moment de la journée où vous êtes le plus opérationnel : le matin ou le soir.

Les gens qui travaillent le mieux le matin sont parfaitement réveillés dès qu'ils ouvrent les yeux et sortent du lit. Ils se mettent à bavarder, à chanter ou à virevolter dans la maison. Mais, quelque part entre 20 h 30 et 22 h, comme des fleurs fanées, ils commencent à s'alanguir, à se replier et à se blottir sur eux-mêmes. Pour eux, la vie est terminée ce jour-là.

Les gens qui travaillent le mieux le soir parviennent eux aussi à ouvrir les yeux et à sortir du lit le matin, mais ils ne sont pas réveillés pour autant. Il leur faut du temps pour s'animer. Certains s'accrochent à la poignée de leur tasse de café et la suivent partout où elle les conduit ; d'autres grognent et ronchonnent ou restent assis sans dire un mot, sans se soucier de leur entourage ou du désordre ambiant. Certains se dissimulent derrière le quotidien du matin; d'autres s'enferment dans la salle de bain. Mais, vers 21 h, au moment où les fleurs fanées sombrent dans la stupeur, les gens du soir ouvrent les yeux tout grand, un regain d'énergie leur traverse le corps et les voilà prêts à vivre avec exubérance. Curieusement, les gens du matin et les gens du soir ont tendance à se marier ensemble.

Les gens matinaux sont en mesure de rédiger leur liste dès le lever du lit, alors qu'on ne peut rien demander le matin aux gens du soir. Jim, analyste fonctionnel, travaille mieux le soir. La dernière chose à laquelle il s'attelle avant de quitter le bureau, c'est à dresser la liste des choses qu'il aura à faire le lendemain. Dès qu'il arrive au bureau le matin, sa liste l'aide à s'orienter. Mais peu importe que vous soyez du matin ou du soir, lorsque vient le moment de dresser votre liste ou d'accomplir tout autre chose, faites confiance, dans la mesure du possible, à votre horloge biologique.

Imaginons que vous ayez acquis l'habitude de faire des listes et que vous ne les égariez pas en cours de route, mais que vous parveniez difficilement à rédiger tous les jours la liste de ce que vous devrez faire le lendemain. Ne vous tourmentez pas à ce sujet. Vous n'êtes pas le seul. Prenez simplement la décision de faire une liste chaque fois que vous êtes débordé de travail ou que vous temporisez.

PETIT QUESTIONNAIRE

1. Quels sont les moments de la journée où vous êtes le plus productif?
2. À quel endroit êtes-vous le plus productif?
3. Votre productivité est-elle affectée par ce que vous mangez ou par la quantité de nourriture que vous ingurgitez? Vous sentez-vous léthargique après avoir mangé certains aliments?

4. Le fait de faire de l'exercice influe-t-il sur votre productivité ? (Vous sentez-vous plus en train les jours où vous vous êtes physiquement dépensé ?)

CES PRÉCIEUX TEMPS MORTS

Chacun dispose à l'évidence du même nombre d'heures dans une journée. Comment se fait-il alors que certains ne parviennent jamais à trouver le temps d'accomplir les tâches qui leur incombent, cependant que d'autres trouvent toujours le temps nécessaire pour y arriver ?

L'un des grands secrets de ceux qui réussissent à atteindre leurs objectifs sans tarder se résume à ceci : ils restent conscients que chaque journée réserve de nombreux temps libres à qui sait les reconnaître et s'en servir. Pendant que les temporisateurs attendent d'avoir à leur disposition une heure pour payer leurs factures, un après-midi complet pour faire le tri de leurs papiers ou tout un samedi pour nettoyer leur garage, revoir une vieille connaissance ou peu importe, les antitemporisateurs admettent ces quatre vérités universelles :

1. Il est rare de pouvoir compter sur une heure, un après-midi ou une journée libre au complet, à moins de dépenser beaucoup d'énergie pour s'organiser en conséquence ; et même si on y parvient, mieux vaut ne pas avoir trop d'attentes à ce sujet.

2. Quels que soient l'importance de votre projet et le temps de préparation que vous lui aurez consacré, vous serez fatalement interrompu à plusieurs reprises en cours de route. Mieux vaut vous y attendre.

3. Le fait de vous plaindre de ces interruptions et de vous stresser à cause d'elles ne vous sera d'aucun secours et ne les fera pas disparaître non plus. Il est parfois possible d'éliminer la

cause de telles interruptions (en décrochant le téléphone, en allant travailler à la bibliothèque ou en fermant la porte de son bureau, par exemple). Mais il y a des fois où c'est impossible.

4. Si ces interruptions vous obligent constamment à reprendre votre projet là où vous l'avez laissé en plan, peut-être vaudrait-il mieux pour vous en tenir compte dans votre façon de travailler.

Lorsqu'elle doit faire des appels, Jeannine a décidé d'utiliser au mieux les temps morts pendant lesquels on la met en attente. Elle en profite pour lire un livre qu'elle garde sur son bureau et dans lequel on trouve plein de petits conseils sur la vente.

Barbara doit traverser de nombreux passages à niveau lorsqu'elle roule dans son quartier. Il lui arrive fréquemment de devoir attendre de longues minutes, assise au volant, qu'un train passe. Elle utilise ce temps perdu pour écrire un petit mot à des amis ou à des clients. (Elle conserve dans son auto un sachet plastique dans lequel se trouvent du papier à lettre, un stylo et des timbres.) Ils sont heureux de recevoir de ses nouvelles et de lire et relire son courrier, alors qu'ils lisent rapidement avant de les effacer les messages qu'ils reçoivent par courrier électronique.

Charles, le mari de Barbara, profite de ses arrêts involontaires aux passages à niveau pour enregistrer sur un petit magnétophone qu'il dissimule sous son siège toutes les idées qui lui viennent à l'esprit.

Même les jours où vous êtes très occupé, il vous arrive d'avoir dix minutes libres par ici ou vingt minutes par là. Imaginez tout ce temps perdu dont vous pourriez faire bon usage si vous le consacriez à rédiger la liste des choses que vous avez à faire ou à vous atteler à de petites tâches pendant que vous attendez le début d'une réunion, que vous attendez chez le dentiste ou que vous attendez dans la voiture que vos enfants sortent de l'école! Vous pourriez notamment:

- planifier vos activités ;
- passer votre liste en revue ;
- rédiger votre courrier ;
- rédiger les grandes lignes d'un communiqué de presse, d'un rapport, d'une lettre ou d'un compte rendu de lecture ;
- feuilleter un magazine en vous demandant s'il mérite que vous lui accordiez de votre précieux temps.

À compter d'aujourd'hui, soyez à l'affût de ces temps morts et décidez de l'usage que vous en ferez. Jetez un coup d'œil à votre liste si vous êtes à court d'idées à ce sujet. Curieusement, plus vous saisirez ces précieux instants au vol, plus ils sembleront se multiplier.

L'ART DE COMPTER À REBOURS

Une autre excellente stratégie à adopter quand vous vous sentez submergé par les événements consiste à vous fixer des délais intermédiaires. De cette façon, vous effectuez un compte à rebours en direction d'un objectif – réel ou imaginaire – que vous vous êtes fixé. Mon mari, Bruce, qui réalise des cassettes vidéo, parle, en pareil cas, de «remonter dans le temps».

Examinez attentivement les exemples suivants :

- Votre patron exige que le bulletin de nouvelles de votre société soit sur son bureau dès le lendemain alors que vous ignorez encore de quoi vous allez parler.
- Il vous reste vingt-quatre heures pour remettre votre déclaration de revenus et vous n'avez toujours pas commencé à la remplir.
- Noël arrive dans deux jours et vous n'avez toujours pas commencé vos emplettes.
- Votre dernier examen est pour demain après-midi et vous n'avez pas encore commencé à réviser vos notes.

- Les douleurs de l'accouchement se font sentir toutes les cinq minutes et vous n'êtes pas encore prête à vous rendre à la clinique.

Dans un cas comme dans l'autre, l'échéance qui approche vous pousse à agir promptement et à cesser de temporiser. Vous ressentez une poussée d'adrénaline qui vous stimule. Vous avez aussi la peur au ventre et des nœuds dans l'estomac, à moins que vous ne souffriez d'hyperventilation (voire de petites éruptions cutanées, de migraines, d'insomnie ou de tout autre problème de santé), mais au moins vous passez à l'action.

Le meilleur moyen de renforcer les effets positifs des échéances et d'en atténuer les conséquences négatives consiste à vous fixer des mini-délais. Même si ces derniers peuvent sembler artificiels à première vue, ils vous aideront à mieux vous organiser, contribueront à rendre vos projets plus facilement réalisables et vous obligeront à planifier d'avance. Avec le temps, vous prendrez l'habitude de procéder de la sorte.

Le fait de vous fixer des échéances arbitraires vous permettra d'éviter de vous retrouver dans la situation où vous constatez qu'il vous manque un élément essentiel que vous ne pouvez vous procurer parce qu'il est trop tard. Imaginons qu'il ne vous reste qu'une journée pour préparer une soumission. Tout va bien dans la mesure où vous avez confiance de pouvoir le faire dans la journée. Soudain, vous vous rendez compte avec horreur que votre collègue Yvan est le seul à pouvoir vous fournir certaines données nécessaires. Or, il s'avère que ce dernier est parti en vacances la veille. Vous vous seriez fixé une échéance intermédiaire que vous auriez pu parer à cette éventualité.

À quoi servent ces délais arbitraires ? À reculer dans le temps, depuis la date de l'échéance réelle jusqu'à aujourd'hui, tout en permettant d'établir des étapes intermédiaires où une partie ou la totalité du projet sera terminée. Imaginons par exemple que votre entreprise accorde son soutien à une collecte de fonds qui doit avoir lieu le 30 mai et que vous vouliez faire publier un communiqué de presse à ce sujet dans l'hebdomadaire local. Vous en venez à la conclusion que, pour un maximum d'efficacité, votre article devrait paraître dans le numéro du 23 mai. En appelant au journal, vous apprenez que votre texte doit leur parvenir au moins une semaine avant la date de parution prévue. Vous devez par conséquent le poster le 11 ou le 12 mai. Vous estimez qu'il devra être écrit pour le 5 mai, ce qui vous laissera amplement de temps pour le faire dactylographier, le corriger et le poster à la date souhaitée. Sans ce genre d'échéances intermédiaires, il est fort probable que vous auriez songé trop tard à écrire votre communiqué.

En comptant ainsi à rebours, vous établissez une liste de tâches à accomplir selon un ordre chronologique. Il arrive parfois qu'on remette aux futurs mariés une liste leur indiquant ce qu'ils doivent faire six mois avant le mariage, puis cinq mois avant, etc. Malheureusement, il est rare d'avoir une telle chance en ce qui concerne nos projets quotidiens, mais rien ne nous empêche de faire nous-mêmes de telles listes et d'effectuer nous-mêmes pareilles remontées dans le temps.

Quand vous aurez pris cette habitude, vous verrez que cette technique s'applique à de nombreuses autres activités. « L'avion décolle à 17 h, nous devons être à l'aéroport à 16 h, prévoyons par conséquent partir à 15 h. Comme ta sœur est avec nous, cela signifie que nous serons trois à nous bousculer pour utiliser la salle de bain. Il vaudrait donc mieux commencer à nous préparer à compter de 13 h 30. »

Quand vous procédez ainsi, servez-vous de votre imagination pour anticiper les événements dans leurs moindres détails. Cela pourrait vous éviter de courir à la catastrophe. Ainsi, quand vous planifiez la rédaction d'un compte rendu, prévoyez tout ce dont vous aurez besoin avant de démarrer. Fixez-vous ensuite un délai raisonnable pour obtenir tous les renseignements nécessaires, au lieu d'être obligé de déclencher le signal d'alarme en cours de rédaction.

Qu'il soit naturel ou non pour vous d'agir ainsi, vos projets se réaliseront plus facilement si vous développez l'habitude de compter à rebours.Vous serez en mesure d'anticiper les obstacles et vous n'éprouverez plus le stress qui nous envahit chaque fois que nous accomplissons les choses à la dernière minute.

★★★

Quelle que soit la méthode utilisée pour combattre votre sentiment d'impuissance face aux événements qui se bousculent dans votre vie, ne vous dérobez pas en allant vous coucher, en naviguant dans Internet, en jouant à des jeux vidéo, en mangeant, en regardant la télé, en fouinant dans vos affaires ou en faisant ce que vous avez l'habitude de faire chaque fois que vous temporisez. Fragmentez plutôt le travail à accomplir en petites tâches, puis établissez des priorités et mettez-vous à l'ouvrage en entamant le premier pas qui vous mènera vers la réussite.

Pensées à méditer

À tout moment, nous sommes à notre meilleur à cet instant précis.

Wayne Dyer

De quelle façon puis-je le mieux utiliser mon temps en cet instant même?

Alan Lakein

Celui qui perd aujourd'hui son temps à regretter hier perdra demain son temps à regretter aujourd'hui.

Philip M. Raskin

Voici un test pour savoir si votre mission sur terre est terminée: si vous êtes en vie, c'est qu'elle ne l'est pas.

Richard Bach

Les gens qui laissent en plan ce qu'ils peuvent accomplir pour entreprendre des choses qu'ils ne comprennent pas sont vraiment des êtres malheureux; il n'est pas étonnant qu'ils aient des soucis.

Johann Wolfgang von Goethe

Je préfère échouer en accomplissant quelque chose que j'aime que réussir en accomplissant quelque chose que je déteste.

George Burns

Le succès n'est jamais acquis, l'échec n'est jamais fatal; seul le courage compte.

Winston Churchill

Vous ne pouvez déterminer la direction à prendre tant que vous ignorez où vous êtes.

Auteur inconnu

Même si vous êtes sur la bonne voie, vous vous ferez tôt ou tard écraser si vous restez sur place.

Will Rogers

EXERCICE PRATIQUE

Voici une façon stimulante de remonter dans le temps tout en planifiant votre avenir. Répétez cet exercice quand bon vous semble, à mesure que vos objectifs et vos priorités changent.

Essayez d'imaginer ce que vous voudriez être dans dix ans. Remplissez les espaces vides comme si vous y étiez déjà:

• La date (dans dix ans): _____

• Le lieu où vous habitez: _____

- Vos activités : _____

_____

- Votre compagnon ou votre compagne : _____

_____

- Les pays que vous avez visités : _____

_____

- La réalisation dont vous êtes le plus fier : _____

_____

- La manière dont vous passez habituellement vos samedis :

_____

_____

- Les biens matériels que vous possédez : _____ _____

_____

- Les changements qui se sont opérés en vous : _____ ___

_____

Indiquez à présent ce que vous pouvez accomplir au cours de la prochaine année pour vous rapprocher de chacun de ces objectifs. Que pouvez-vous entreprendre en ce sens dès la semaine prochaine ?

TROISIÈME PARTIE

Stratégies efficaces contre la procrastination

CHAPITRE 7

Prenez le temps de planifier

Une variante fort populaire du jeu de la procrastination consiste à se lancer dans le feu de l'action sans aucune préparation. Le mot d'ordre de ses protagonistes est plus que jamais d'actualité : « À quoi bon planifier ? Je foncerai tête baissée le moment venu. »

Or, ceux qui agissent de la sorte ne réussissent bien souvent qu'à saboter leur travail pour les raisons que voici : 1) il arrive que des imprévus les retardent indûment ; 2) leur exaspération devient telle, devant la tournure fâcheuse des événements, qu'ils préfèrent tout abandonner ; 3) même s'ils parviennent à terminer ce qu'ils ont entrepris, leur esprit est à ce point imprégné de leur mauvaise expérience qu'ils préfèrent laisser traîner les choses dès qu'ils se retrouvent aux prises avec un projet similaire.

Chaque fois qu'il doit réparer sa voiture, Jean se met à l'œuvre sans même se poser de questions. Celle-ci est déjà toute démontée lorsqu'il constate soudain qu'il a oublié de se procurer une pièce de rechange. Or, comme il lui est impossible de se balader avec une auto en pièces détachées, Jean est contraint de trouver le moyen d'acheter la pièce en question. Il doit demander à un ami de faire la course pour lui ou de le conduire au magasin de pièces d'autos. Cela lui cause inévitablement des désagréments. Il doit nettoyer ses mains graisseuses avant de partir et il lui est arrivé à plusieurs reprises de se cogner le nez contre une porte fermée. Forcé de retourner au magasin le lendemain, il doit remonter son auto sans l'avoir réparée ou s'en passer pour le reste de la journée. Est-il besoin de préciser que Jean déteste réparer sa voiture et qu'il repousse cette corvée le plus possible ?

Pourtant, il lui suffirait de réfléchir quelques instants avant de se mettre à l'œuvre pour s'éviter bien des frustrations, sans compter le temps et l'énergie perdus. Un peu de planification lui permettrait de prévoir ce dont il a besoin, ou à tout le moins de vérifier les heures d'ouverture du magasin de pièces d'auto et de s'assurer qu'un ami est en mesure de l'y conduire au besoin.

PETIT CONSEIL

Réservez-vous chaque jour un peu de temps pour planifier.

LE PROCESSUS DE PLANIFICATION

Vous n'avez nul besoin, pour faire des projets, de tableaux et graphiques ou de réunions de comité (bien que, dans certains cas, ceux-ci puissent avoir leur utilité). Ce dont il est ici question ne requiert de votre part qu'un peu de temps pour réfléchir à ce dont vous aurez besoin, en termes d'outils et de ressources, et à la manière dont vous allez vous attaquer à votre projet.

Un bon moyen de vous souvenir de ces étapes consiste à vous répéter ces mots :

réflexion ;
rédaction ;
conversation ;
imagination.

Nous venons de parler de la nécessité de prendre le temps de réfléchir. Abordons à présent les trois autres points à tour de rôle.

Rédaction

J'entends simplement par là de dresser une liste. Faites-le par écrit. Tant que votre projet se balade quelque part dans votre cerveau, il reste flou et les détails vous échappent. Mark Victor Hansen, coauteur du best-seller *Bouillon de poulet pour l'âme,* a dit ces paroles remarquables : « Ne l'ancrez pas dans votre esprit, jetez l'encre sur du papier. »

Lorsque vous mettrez vos idées par écrit, il se produira l'une ou l'autre des deux choses suivantes : ou vous dresserez une liste de choses à faire que vous pourrez ensuite entreprendre par ordre de priorité, ou vous établirez la liste de vos besoins, c'est-à-dire des outils et autres achats nécessaires à la réalisation de votre projet. Ainsi, vous pourriez inscrire sur la première liste : « Faire l'épicerie » et, sur la seconde, les différents aliments que vous comptez acheter.

Suzanne s'occupe de la préparation d'événements spéciaux à l'intention des quelque mille travailleurs d'une brasserie de Milwaukee. Chaque fois, elle dresse deux listes différentes. Ainsi, lorsqu'elle prépare le dépouillement de l'arbre de Noël, sa liste de choses à faire peut très bien contenir les éléments suivants : choisir un thème, déterminer l'horaire des réunions de comités, prévoir un spectacle, retenir les services d'un traiteur, commander des jouets pour les enfants, se procurer des décorations et retenir les services d'un photographe. Elle affiche par ailleurs devant son bureau la liste de plus de quinze articles différents à commander, y compris des jouets en fonction de l'âge de chaque groupe d'enfants, des compositions florales, des accessoires de fête, des cannes en bonbon, des ballons gonflables et des présents destinés aux organisateurs de la fête. Au moment de passer commande, tout ce dont elle a besoin est à portée de sa vue. Si elle devait inscrire chacun de ces éléments sur sa liste quotidienne de choses à faire, elle serait obligée de les reporter d'une fois à l'autre jusqu'au moment approprié, ce qui lui donnerait un travail énorme et inutile.

Conversation

Il s'agit ici de faire part de vos projets à votre entourage et d'écouter ensuite leurs commentaires. Vous seriez surpris de constater à quel point les autres peuvent parfois nous donner de précieux conseils, nous faire des suggestions pertinentes, nous proposer des idées intéressantes ou nous prodiguer toute autre forme d'encouragement. Certains peuvent aller jusqu'à vous prêter du matériel susceptible de vous faciliter la tâche, voire jusqu'à vous donner un sérieux coup de main.

Thérèse désirait depuis de nombreuses années entreprendre une nouvelle carrière, mais elle ne savait trop comment s'y prendre. Un jour elle décida, en guise de préparation mentale, de s'en ouvrir à quelques amis. Elle fut étonnée de la qualité des informations qu'elle récolta, et encore plus ravie le jour où l'un d'eux lui parla d'une offre d'emploi intéressante et l'aida à obtenir un entretien d'embauche. Elle a fini par obtenir le poste en question. Si elle avait su qu'il lui serait aussi facile de changer d'emploi, avoue-t-elle, elle n'aurait certainement pas attendu toutes ces années pour agir. Parfois, le simple fait d'exprimer tout haut ce qui vous déconcerte ou vous accable peut suffire à faire naître la solution à votre problème. Voilà un autre des avantages de se confier aux autres !

Imagination

Votre imagination constitue l'un des plus formidables instruments de planification dont vous puissiez disposer. Prenez quelques minutes pour vous représenter mentalement en train d'accomplir la tâche qui vous incombe. Imaginez chaque étape du projet, voyez les outils, les documents ou les formulaires nécessaires, les gens qui y prendront part et la contribution de chacun d'eux. Une fois que vous parviendrez à faire cet exercice, vous serez surpris de constater à quel point les choses se mettent en place toutes seules.

PETIT CONSEIL

Planifiez votre travail.
Travaillez votre plan.

Un prêtre du nom de Jean m'a récemment téléphoné pour que je donne une conférence dans son église. Il souhaitait que celle-ci ait lieu au beau milieu d'une semaine passablement occupée pour moi ; je n'étais pas certaine de pouvoir l'inclure dans mon horaire. « Laissez-moi voir comment je pourrai franchir cette semaine-là et je vous rappelle », lui ai-je répondu. Après avoir consulté mon agenda et avoir tenté d'imaginer à quoi cette semaine allait ressembler, je lui passai un coup de fil et acceptai de donner une conférence à la date qui lui convenait.

Il m'a raconté qu'il trouvait géniale mon idée d'imaginer à quoi pouvait ressembler un emploi du temps très chargé pour moi. Peu après notre premier entretien téléphonique, il a reçu quatre demandes en vue d'occuper diverses fonctions. Dans chaque cas, Jean répondit qu'il voulait prendre le temps de voir à quoi ressemblerait sa journée ou sa semaine s'il acceptait la requête de son interlocuteur. Quelques minutes lui suffisaient pour tenter d'intégrer la tâche en question à son horaire et pour prendre une décision éclairée à ce sujet. Il a réussi ainsi à réfréner l'enthousiasme qu'engendre généralement le fait d'accepter d'emblée de s'attaquer à un projet agréable (ou qui relève d'une obligation morale) qui se transforme en corvée lorsque vient le moment de l'accomplir.

L'histoire de Sylvie nous donne une idée des problèmes qui peuvent survenir en pareil cas lorsqu'on néglige de se servir de son imagination. Celle-ci travaille comme réceptionniste dans un cabinet de pédiatres, qui lui ont demandé si elle était disposée à décorer la salle d'attente. Elle a accepté avec joie, car elle est passionnée de décoration. Les médecins souhaitaient que leurs jeunes patients soient accueillis dans une ambiance appropriée longtemps avant la venue de fêtes comme Noël, Pâques, la Saint-Valentin, l'Halloween, etc. Sylvie trouvait de bon goût les accessoires qu'on lui fournissait, mais elle temporisait et ne décorait bien souvent la clinique que quelques jours avant l'événement attendu.

Elle se confondait en excuses auprès de ses employeurs, prétextant qu'elle était trop prise par son travail et qu'elle s'y prendrait plus tôt la fois suivante. Frustrés, les médecins lui demandèrent si elle considérait que ce boulot ne faisait pas partie de sa description de tâches. «Pas du tout», protesta Sylvie.

«Préféreriez-vous choisir vous-même les différents éléments de décoration?» lui demandèrent-ils alors.

«Non, protesta-t-elle de nouveau, ce que nous avons me plaît beaucoup.» Pourtant, elle était incapable de comprendre pourquoi elle attendait à la dernière minute pour décorer la salle d'attente.

En réalité, ce surplus de travail l'embêtait profondément. Si elle tardait tant à s'y mettre, c'est qu'elle appréhendait le moment où il lui faudrait passer à l'action. Elle devait monter sur un escabeau, en redescendre pour prendre du ruban adhésif, remonter, redescendre pour prendre les ciseaux. Parfois, il lui fallait chercher partout avant de trouver le bâton de colle ou un marqueur de la bonne couleur. Il lui arrivait de monter et de descendre ainsi une douzaine de fois pour accrocher de simples décorations. Elle prenait beaucoup plus de temps que nécessaire et se donnait beaucoup de peine pour parvenir à ses fins. Le lendemain, elle en avait encore mal aux jambes et aux pieds.

Un peu de planification aurait pourtant permis à Sylvie de s'éviter bien des soucis inutiles. Elle aurait pu voir en imagination et réunir ensuite tout ce dont elle avait besoin pour accomplir ce travail, voire acheter tout ce qui manquait (ruban à mesurer, punaises, marteau, clous, différents types de ruban adhésif, etc.) et déposer le tout dans un coffret pratique qu'elle aurait pu emporter avec elle, y compris lorsqu'elle montait sur l'escabeau. Cela lui aurait évité de courir dans tous les sens et de monter et descendre sans arrêt ; du coup, elle aurait pris la moitié moins de temps pour faire la décoration, sans compter qu'elle aurait éliminé définitivement la cause de ses frustrations.

Si elle s'était servi de son imagination pour mieux planifier, Sylvie aurait pu de nouveau trouver du plaisir dans l'art de la décoration.

PETIT CONSEIL

Faute de planifier,
vous courez tout droit à l'échec.

BEL EXEMPLE DE
PLANIFICATEURS CHEVRONNÉS

Jacques et Lucie sont tous deux des experts en matière de planification. Lorsqu'ils ont décidé de rénover leur maison, l'an dernier, ils ont consacré de nombreuses heures à planifier les travaux en question. Ils ont dressé la liste des mille et une choses à faire auxquelles ils ont pensé ainsi qu'une liste des outils et autres accessoires à acheter, puis ils se sont équipés d'un Centre portatif de gestion de projet comprenant un dossier muni de pochettes et un cahier doté d'une reliure en spirale. (Voir chapitre 6.)

Environ une fois par semaine, ils prenaient le temps de dresser une liste hebdomadaire (parfois quotidienne) des choses à faire, indiquant par écrit chacune des étapes à suivre pour chacune des tâches à venir. Ils décidaient qui ferait quoi et à quel moment, puis ils notaient quels outils ou autres instruments ils auraient besoin d'acheter.

Jacques et Lucie ont par ailleurs demandé conseil autour d'eux et utilisé à bon escient leur imagination. En plus de discuter entre eux, ils remettaient à qui le voulait un résumé des projets à venir. Un des collègues de Jacques lui prêta son agrafeuse électrique lorsque vint le moment de procéder à la pose d'isolant ; la sœur de Jacques lui proposa de garder ses enfants pendant la pose du papier peint.

La capacité de Lucie de voir jusque dans leurs moindres détails chacune des étapes à suivre lui a permis d'établir les priorités et de parer aux problèmes éventuels. Ainsi, tout juste avant que les cloisons de plâtre ne soient installées, Lucie tentait d'imaginer l'effet qu'auraient certains meubles dans une pièce lorsqu'elle s'aperçut qu'un des coins de la pièce serait trop sombre. Avant qu'il soit trop tard, elle et Jacques ont fait mettre une petite fenêtre octogonale à cet endroit. Imagination et planification aidant, les travaux de rénovation se sont parfaitement bien déroulés. Inutile de préciser que Jacques et Lucie ont été extrêmement satisfaits des résultats.

★★★

La vie devient tellement plus facile quand on prend l'habitude de planifier au lieu de foncer tête baissée chaque fois qu'un défi se présente à nous. Les tâches s'accomplissent plus aisément et plus rapidement, sans compter que la qualité du travail fini en est souvent grandement améliorée. La prochaine fois que vous aurez un projet à réaliser, prenez le temps de réfléchir à la manière dont vous comptez le mener à bien, mettez vos idées par écrit et dressez la liste des choses à faire ou à acquérir, faites-en part à votre entourage et servez-vous du plus merveilleux outil de planification dont vous disposiez : votre imagination.

Le jour où vous passerez du camp de ceux qui foncent tête baissée à celui de ceux qui planifient, vous serez en bonne voie de maîtriser votre problème de procrastination.

Pensées à méditer

Chaque moment passé à planifier représente une économie trois ou quatre fois supérieure en termes de temps d'exécution.

Crawford Greenwalt

En mettant vos rêves et vos objectifs par écrit, vous démarrez le processus qui fera de vous ce que vous voulez vraiment être.

Mark Victor Hansen

Si vous ignorez où aller, toutes les routes vous mèneront nulle part.

Henry Kissinger

Si vous devez entreprendre une tâche, allez jusqu'au bout, car, si vous vous arrêtez en chemin, vous serez constamment hanté par ce que vous aurez laissé inachevé.

Chogyam Trungpa

La première étape indispensable à l'obtention de ce que vous attendez de la vie consiste à décider ce que vous voulez.

Ben Stein

Vous devez avoir des objectifs à long terme qui vous aideront à ne pas vous laisser décourager par les échecs à court terme.

Charles C. Noble

Tout ce que vous désirez est là qui attend que vous le demandiez. Tout ce que vous désirez vous désire également. Mais vous devez passer à l'action pour l'obtenir.

Jack Canfield

Si vous n'aspirez à rien, vous êtes assuré de l'obtenir.

Auteur inconnu

EXERCICE PRATIQUE

1. Qu'espérez-vous avoir accompli de votre vie dans cinq ans ?

   _____

   _____

2. Quels sont les projets, les objectifs et les rêves que vous souhaiteriez voir se réaliser d'ici un an ? _____

   _____

3. Quels sont vos plans pour le mois prochain ? _____

   _____

4. Quels sont vos plans pour la semaine prochaine ?_____

   _____

5. Quels sont vos plans pour aujourd'hui ?_____

   _____

CHAPITRE 8

S.O.S. Fouillis !

Les cours de gestion du temps ne sont plus ce qu'ils étaient. Un conférencier a déclaré récemment à ce sujet : « Autrefois, on conseillait aux gens de ne manipuler chaque feuille de papier qu'une seule fois. Il est temps d'adopter de nouvelles méthodes. » Pour ma part, je ne serais pas si empressée de me départir des vieux principes de gestion du temps.

Un bureau encombré de paperasse, voilà qui est susceptible de freiner brusquement toute productivité et d'engendrer un regain de procrastination. Le désordre vous entraîne dans un cercle vicieux. D'une part, vous négligez de faire le tri dans votre paperasse et d'y mettre de l'ordre ; d'autre part, le fouillis qui s'installe contribue à vous ralentir dans votre travail.

Shirley, qui travaillait pour un organisme gouvernemental, a expliqué, au cours d'un de mes séminaires, comment elle et son personnel en sont venus à accomplir chacun le boulot de deux personnes et plus à la suite de diverses compressions budgétaires. Les papiers avaient l'habitude de s'empiler sur son bureau. Quand elle a lu, dans un ouvrage sur la gestion du temps, qu'il était conseillé de ne manipuler chaque feuille de papier qu'une seule fois, elle s'est rendu compte qu'elle consacrait trop de temps à fouiller constamment dans les mêmes documents. Elle inscrivit par conséquent le conseil en question sur une fiche qu'elle colla au mur, tout juste au-dessus de ses piles de papiers, histoire de se rappeler d'arrêter de remuer toute cette paperasse et de décider, dès qu'elle en prenait connaissance, de ce qu'elle ferait de chaque feuille qui lui passait entre les mains. Depuis, elle a pris l'habitude d'agir conformément à sa nouvelle résolution. Oh! il lui arrive parfois de recommencer son ancien manège ; elle relit alors le conseil affiché sur son mur et se ressaisit aussitôt.

Les «vieux» principes de gestion du temps restent toujours valables et il n'y a aucune raison de les reléguer aux oubliettes. Mais il est vrai que les temps changent et que les besoins ont évolué en la matière. Le problème, à l'heure actuelle, c'est qu'il y a désormais trop de choses à faire, trop de choses à lire et trop d'informations nouvelles à tenter d'assimiler. Le défi de notre temps consiste à retenir ces quelques règles de base :

- On ne peut pas tout faire.
- On ne peut pas tout lire.
- On ne peut pas tout savoir.

ON NE PEUT PAS LIRE
TOUT CE QUI SE PUBLIE

Certaines consignes qu'on nous a rabâchées autrefois n'ont plus leur raison d'être. Ainsi, il est fort possible que vos enseignants vous aient répété, à la petite école : «Ne saute pas de mots. Lis chacun des mots qui est sur la page devant tes yeux. Lis-les l'un après l'autre !»

Il est temps de vous défaire de cette règle héritée de l'école primaire. Nos grands-parents – voire nos propres parents – étaient peut-être en mesure de parcourir en entier les lettres, messages, journaux, magazines ou catalogues qui les intéressaient. Mais ce n'est plus possible de nos jours. À moins d'accepter cette réalité, vous engendrerez une situation sans issue. Ou vous vous sentirez coupable de ne pas prendre le temps nécessaire à la lecture de tous les papiers et documents qui s'accumulent sur votre bureau, ou, si vous vous mettez à tout lire, vous vous sentirez coupable de négliger des choses autrement plus importantes.

Après avoir discouru sur la quantité phénoménale de paperasse qu'elle doit traiter au bureau, Shirley s'est également dite préoccupée par le fait que sa vie est littéralement submergée sous des tonnes de papier : « On trouve partout des pages et des pages d'information, mais il n'y a pas une seule parole de sagesse dans tout ça ! »

Prenez conscience que le seul moyen de parvenir à lire tout ce qui vous intéresse consiste à vous mettre en marge de la société et à mener une vie d'ermite passée à faire de la lecture rapide du matin jusqu'au soir. Il n'y a qu'un seul mot d'ordre qui tienne désormais : *établissez vos priorités*. Choisissez ce qu'il vous semble important de lire et oubliez tout le reste.

DES TONNES DE PAPIER PARTOUT

Jetez un coup d'œil à tous les papiers qui se trouvent autour de vous. Y a-t-il de la paperasse, des notes, des revues professionnelles, des bulletins d'entreprise, des magazines, des catalogues ou des dépliants publicitaires qui s'amoncellent chez vous ou au bureau ? Ne craignez-vous pas qu'à force de décimer les forêts pour en faire du papier qui encombre votre boîte aux lettres ou votre bureau on en vienne à obliger les futures générations à se demander à quoi ressemblait un arbre ? Vous arrive-t-il de considérer les papiers qui s'entassent autour de vous et de vous demander, impuissant et désespéré, par quel bout commencer ? Vous arrive-t-il de vous attaquer avec détermination à toute cette paperasse accumulée pour finir par gémir dans un coin comme un enfant désemparé ? Plus on nous annonce que nous allons bientôt travailler dans un environnement sans papier, plus je constate que la paperasse continue de s'accumuler dans nos vies.

Il a été précédemment question de procéder étape par étape quand on est débordé, mais ce principe s'applique difficilement quand vient le temps de faire le ménage dans sa paperasse. Il ne suffit pas, en pareil cas, de vous asseoir et de trier vos documents. Encore faut-il vous donner la peine de les classer, de les jeter, de les recycler ou de les ranger au bon endroit si vous souhaitez obtenir des résultats probants. À défaut de quoi il vous faudra tout recommencer la fois suivante. La clé du succès réside dans le fait de vous déplacer. Mettez-vous debout et allez déposer chaque feuille de papier à sa place. Que ceci vous serve de devise et de guide :

Je trie assis,
je range debout.

Si vous ne disposez pas d'un endroit où ranger vos papiers et documents, créez un espace de rangement à cet effet *avant* de commencer. Même s'il vous faut mettre vos chemises à dossier dans une boîte de carton et ranger celle-ci dans un placard, sous votre bureau ou votre lit, vous aurez un endroit où ranger vos papiers quand vous aurez fini de les trier.

Votre amie la corbeille à papier

Pour en finir avec l'accumulation de paperasse, vous devez modifier la perception que vous avez de votre corbeille à papier. Ne la voyez pas comme un ennemi qui dévore vos précieux documents. Voyez-la plutôt comme un animal de compagnie qui a besoin qu'on le nourrisse régulièrement. Alors n'hésitez plus à lui donner sa ration quotidienne !
Rien ne vous empêche d'ailleurs de vous procurer ou de

---

confectionner vous-même plusieurs corbeilles, soit une pour chaque endroit où les papiers ont tendance à s'accumuler. Vous en trouverez de couleurs et de styles très attrayants sur le marché, mais n'achetez pas de mini-corbeilles à moins de n'avoir que de mini-piles de papiers à leur donner en pâture. À piles de papiers géantes corbeilles à papier géantes, et en grande quantité, S.V.P.!

Après avoir commencé à vous débarrasser de vos papiers accumulés, vous pourrez en faire autant en envoyant à la corbeille vos courriers électroniques et vos fichiers, dossiers, logiciels et autres documents informatisés qui ne vous sont plus d'aucune utilité.

Lorsque vous aurez compris que votre univers ne va pas s'effondrer le jour où vous aurez courageusement fait le ménage dans votre paperasse, vous ne serez plus jamais submergé, paralysé et tenté de temporiser à cause de tous ces documents qui envahissent votre vie et que vous vous sentez obligé de lire. En contrepartie, vous aurez une activité nouvelle et agréable pour vous occuper : nourrir votre amie la corbeille à papier!

CES MAGAZINES IRRÉSISTIBLEMENT ATTRAYANTS

Une de mes questions préférées concernant l'accumulation de paperasse et que tous devraient se poser au moins une fois par année est la suivante : Seriez-vous prêt à dépenser de votre argent durement gagné pour accroître votre pile de papiers? Une réponse logique à cette question serait : «Jamais de la vie! Je déteste voir la paperasse s'accumuler, pourquoi irais-je payer pour en avoir encore plus?»

Pourtant, c'est exactement ce que vous faites chaque fois que vous vous abonnez à un magazine dont vous n'avez en réalité ni

envie ni besoin. Comment faire pour déterminer si vous vous êtes abonné à un de ces magazines attrayants qui ne vous apportent pas vraiment grand-chose? Lorsque vous le recevez par la poste, vous écriez-vous avec enthousiasme: «Enfin, il est arrivé! Je vais le lire pas plus tard que ce soir avant d'aller au lit»? Ou vous contentez-vous de murmurer: «Bon, encore un numéro de plus. Je le lirai quand j'en aurai fini avec ceux que je n'ai pas encore trouvé le temps de lire depuis six mois»?

Posez-vous la question: «Qu'est-ce qui m'a poussé à acheter ce magazine?» Était-ce pour les articles à caractère technique, pour les conseils de santé, pour les recettes de cuisine ou pour les conseils en matière de placement qu'il contient? Si tel est le cas, déchirez les pages ou découpez les articles qui vous intéressent, classez-les dans un dossier et jetez le reste du magazine à la corbeille ou dans le bac à recyclage. Vous l'êtes-vous procuré dans l'intention de le lire d'une couverture à l'autre sans sauter un seul mot? Si tel est le cas, avez-vous le temps de le lire en entier chaque mois? Si vous répondez par l'affirmative, tout va bien. Mais si vous ne disposez pas du temps nécessaire, marquez un temps d'arrêt pour réévaluer la situation. Ne serait-il pas mieux pour vous d'en acheter un numéro à l'occasion dans un kiosque à journaux, quand vous avez réellement le loisir de le lire, plutôt que de vous sentir coupable parce que vous laissez les anciens numéros s'accumuler chez vous ? Le magazine en question contient-il des renseignements susceptibles de vous être utiles dans votre profession ou pour vos loisirs ? Dans ce cas, trouvez un endroit où classer et conserver les anciens numéros, tout en sachant que vous ne pourrez les lire en entier mais qu'ils peuvent vous servir de référence au besoin.

Germain avait l'habitude de conserver dans des boîtes qu'il empilait dans son atelier les anciens numéros d'un magazine consacré à l'univers de l'électronique. Après avoir participé à un de mes séminaires, il en est venu à la conclusion qu'il ne voulait plus conserver toutes ces boîtes et souhaitait utiliser à d'autres fins l'espace qu'elles occupaient. Ayant appris que sa bibliothèque municipale conservait sur fiches tous les anciens numéros du magazine en question, il s'est départi avec joie de son encombrante collection. Désormais, quand il a besoin d'un renseignement sur un sujet précis, il s'adresse au documentaliste de la bibliothèque, qui l'aide à trouver ce qu'il cherche en moins de temps qu'il ne lui en aurait fallu s'il avait dû consulter tous ses anciens numéros. Et s'il lui prend l'envie de feuilleter quelques numéros récents, il peut le faire à la bibliothèque sans avoir à les accumuler chez lui. (Paradoxalement, ce spécialiste de l'électronique ne possède pas encore d'ordinateur. Mais dès qu'il découvrira qu'Internet peut lui ouvrir toutes les portes du savoir, parions qu'il s'y mettra sans tarder !)

Sandrine, qui a également suivi un de mes séminaires, a un jour aidé un couple d'amis à emménager dans leur nouvelle maison. Parmi les cartons à transporter se trouvaient tous les numéros du magazine *National Geographic* qu'ils avaient accumulés depuis dix-huit ans. Le couple n'était marié que depuis dix ans, mais le père du mari de Sandrine avait légué à ce dernier l'équivalent de huit années de numéros du célèbre magazine. (Quel chic type !) Elle leur demanda si leur collection était destinée à prendre de la

valeur un jour. La réponse fut : « Non, mais les photos sont tellement belles que nous ne pouvons nous résigner à nous en défaire. »
Sandrine ne mettait pas en cause le fait que les photos contenues
dans le *National Geographic* sont magnifiques, mais les boîtes qui
contenaient dix-huit années de numéros de ce magazine étaient
pour le moins lourdes et nombreuses à transporter !

Si vous disposez de l'espace nécessaire pour conserver vos précieux magazines et que vous soyez heureux à l'idée d'en être le
dépositaire, voilà qui est bien et ne devrait pas vous préoccuper.
Mais si vous êtes disposé à vous en départir, songez à en faire don
au cabinet de votre médecin ou à un autre organisme public (hô-
pital, bibliothèque, etc.). Un enseignant ou le chef d'une troupe
scoute pourrait également faire bon usage de magnifiques photos. Ou encore, envoyez-les au recyclage. Je ne voudrais pas par là
vous inciter à vous départir de numéros de magazines auxquels
vous tenez pour des raisons sentimentales ou autres. Je vous invite simplement à vous débarrasser de tous ceux qui encombrent
votre vie et dont vous savez pertinemment que vous ne les lirez
ou ne les utiliserez jamais.

VOTRE DERNIÈRE CHANCE
DE RECEVOIR UN CATALOGUE

Il est impossible de ne pas aborder à présent le sujet des catalogues de vente par correspondance, dont vous n'ignorez sans
doute pas l'existence. Lorsque les premiers vous sont parvenus,
les merveilleux gadgets qu'ils contenaient avaient de quoi vous
séduire. Puis votre nom s'est retrouvé comme par magie sur les
listes d'envoi de toutes les entreprises qui publient ce genre de
catalogues de par le monde et, depuis, il vous faut une plus
grande boîte aux lettres pour les contenir tous. Ma voisine Hélène m'a un jour montré tous les catalogues qu'elle avait reçus
en une semaine. À sa grande surprise, elle et son mari avaient eu

droit à des catalogues vantant les mérites d'objets aussi divers que de l'équipement de jardinage, des accessoires de cuisine, des accessoires de voyage, des bijoux fabriqués avec des fanons de baleine (!), des vêtements pour enfants, des produits importés d'Irlande, des produits importés du monde entier, des gadgets destinés aux écrivains, des boîtes à musique et des trucs en tout genre. Au début, Hélène craignait de rater quelque offre exceptionnelle si elle ne consultait pas tous ces catalogues.

Croyez-moi, si vous ratez une occasion, elle se représentera inévitablement dans le prochain catalogue, puis dans le suivant encore. Un jour, Hélène en reçut un portant la mention : « Saisissez cette dernière chance ! Commandez dès maintenant ou votre nom sera radié de notre liste d'envoi. » L'entreprise qui avait lancé pareil ultimatum ne mit sa menace à exécution qu'après sept « derniers » envois !

S'il vous est impossible de vous débarrasser de tels catalogues sans y jeter un œil, mais que vous vous contentiez de les empiler faute d'avoir le temps de les consulter, voici une suggestion : Mettez-les de côté sans les regarder jusqu'à ce que vous en ayez collectionné une bonne quantité. Puis, au bout d'une semaine ou d'un mois, consultez-les tous l'un après l'autre. Vous serez tenté de regarder les premiers page après page ; pour les suivants, vous commencerez à sauter des pages ; quant aux derniers, vous déciderez de les jeter sans même les feuilleter.

LES COLLECTIONNEURS À TOUT CRIN

En plus d'accumuler journaux, magazines et catalogues, un pourcentage élevé de temporisateurs collectionnent également une grande variété d'objets banals aussi bien que de choses bizarres.

Lorsque je pose aux participants à mes séminaires la question : « Pourquoi, selon vous, les gens tardent-ils à se défaire de tout ce qui les encombre ? » ils se contentent généralement de

sourire et de plisser les yeux, sans avoir la moindre idée de ce
que j'entends par là. La raison de leur perplexité vient du fait
qu'ils ne voient pas le lien qu'il peut y avoir entre ce qu'ils ont
pu accumuler au fil des ans et leur problème de procrastination.
Ils ne considèrent même pas qu'ils sont en retard dans leur ménage, puisqu'ils n'ont jamais songé à se débarrasser de tous les
biens épars qui leur compliquent inutilement la vie.

Par conséquent, la bonne question à poser est celle-ci : « Pourquoi les gens tiennent-ils tant à leur fouillis ? » Les réponses entrent
habituellement dans l'une ou l'autre des catégories suivantes :

1. J'aime mon fouillis.
2. Cela pourrait me servir un jour.
3. Je suis incapable de jeter quoi que ce soit.

Les participants à mes séminaires finissent par admettre qu'il
serait préférable pour eux de laisser moins de choses s'accumuler dans leur vie. (Dans certains cas, cette mauvaise habitude
peut avoir des incidences majeures, en particulier si le conjoint
supporte difficilement le désordre ambiant.) Ils sont presque
toujours avides de discuter de chacune des raisons qui les poussent à s'accrocher à leurs biens si précieux. Au cours du débat,
ils en viennent peu à peu à la conclusion qu'il vaudrait mieux
pour eux se défaire des vieilles choses qui les encombrent. Mais
une telle décision ne peut survenir qu'après qu'ils ont examiné les raisons pour lesquelles ils tiennent tant à ces trésors accumulés.

Raison n° 1 : J'aime mon fouillis

En réalité, nous conservons parfois le souvenir de l'attache-
ment que nous avons jadis éprouvé pour certains objets. Nous
les chérissons parce qu'ils nous ont procuré une joie intense ou
une profonde satisfaction voilà très longtemps. Mais nos désirs

et nos besoins se sont modifiés depuis et ces choses accumulées ne sont plus une source de joie pour nous, surtout si nous devons les épousseter et les nettoyer ou leur trouver un espace de rangement. Demandez-vous par conséquent si vous tenez toujours à jouer les concierges.

Quand j'ai commencé à m'attaquer à mon barda, j'ai découvert que j'avais un sérieux handicap : je suis une grande sentimentale. La sentimentalité est la bête noire de ceux qui accumulent des biens. Si j'ai du plaisir à un endroit, il faut que j'en rapporte un souvenir, ne serait-ce qu'un programme de concert, un ticket de cinéma ou tout autre colifichet qui me rappelle le bon vieux temps. Je ne parle pas de tableaux ou d'objets de valeur ; il peut s'agir simplement d'un pingouin en plastique que mon fils a rapporté du zoo par une belle journée de printemps, voilà déjà des siècles.

À cette époque, notre maison était encore ornée de divers objets que mes enfants avaient fabriqués eux-mêmes pendant leurs cours d'arts plastiques ou leurs réunions de scouts. J'avais en outre accumulé une impressionnante quantité de bibelots et de livres qui s'empoussiéraient. (J'étais une véritable bibliophile. Je passais rarement devant une librairie sans m'arrêter pour voir ce qu'il y avait de bon à l'intérieur. Les librairies ont le don de m'attirer comme des aimants ! Et il ne me serait bien entendu jamais venu à l'esprit d'en ressortir sans rien acheter.) J'ignore toujours pourquoi je ramenais tant de livres à la maison. Je sais seulement que j'en ai lu très peu en fin de compte.

Ceux que j'ai terminés, je les ai soit donnés à des amis, soit rangés dans un endroit particulier parce que je tenais à les conserver. J'ai lu partiellement certains autres livres. Mais, au lieu de considérer que j'en avais fini avec eux, je les ai rangés avec un sentiment de culpabilité sur une étagère où trônaient tous les bouquins que j'avais l'intention de lire un jour. Enfin, il y avait tous ces livres que je n'ai jamais lus ou consultés, voire eu envie de feuilleter, et qui ne m'ont jamais été d'aucune utilité. Lorsque j'ai entrepris la chasse aux objets qui encombraient mon domicile, j'ai constaté qu'il y avait davantage de livres dans cette dernière catégorie que je ne l'aurais cru.

Tout en me mettant à l'œuvre, je me suis posé diverses questions :

- J'ai peut-être déjà apprécié ceci, mais est-ce encore le cas aujourd'hui ?
- J'ai peut-être déjà eu besoin de cela, mais est-ce encore le cas aujourd'hui ?
- Ce bibelot m'a peut-être déjà procuré beaucoup de joie, mais est-ce encore le cas aujourd'hui quand je dois l'épousseter ou trouver un endroit où le mettre et où caser toutes les autres vieilleries qui accaparent mon temps et de l'espace dans la maison ? Est-ce que j'ai vraiment envie de jouer les femmes de ménage à cause de tous ces objets ?

J'ai fini par serrer les dents et prendre des décisions capitales. Si un objet me paraissait encore superbe, je le conservais. Sinon, je m'en défaisais. Quant aux objets qui n'étaient ni superbes ni moches, je m'en suis également départie : il me restait encore une pléthore de merveilleux objets.

Douze conseils qui vous aideront à mettre de l'ordre dans vos affaires

1. Invitez des gens à la maison, histoire de vous obliger à faire le ménage de temps en temps.
2. Réglez vos factures, pliez le linge, feuilletez catalogues et magazines, etc. tout en regardant la télé.
3. Faites du rangement pendant les pauses publicitaires.
4. Quand vous entreprenez de débarrasser une pièce de ses objets devenus trop encombrants, commencez par

---

le pas de la porte et dirigez-vous ensuite sur votre gauche ou votre droite. Si on devait vous interrompre, il vous suffirait de reprendre là où vous avez laissé le travail en plan.

5. Ne tentez pas de déblayer et de nettoyer une pièce le même jour, vous vous épuiseriez inutilement.

6. Conservez tous les documents ayant trait à votre domicile (polices d'assurances, garanties, reçus et factures, manuels d'instruction, etc.) au même endroit : dans un fichier, un classeur, un dossier, un tiroir, une boîte, voire un sachet en papier.

7. Ne montez jamais l'escalier les mains vides tant que vous avez des choses à emporter à l'étage.

8. Ne quittez jamais une pièce les mains vides, à moins que les objets qui s'y trouvent soient à leur place.

9. Jetez un coup d'œil par-dessus votre épaule chaque fois que vous quittez une pièce. Ramassez les objets qui y traînent et emportez-les avec vous.

10. Apprenez à déléguer.

11. Apprenez à fermer les yeux sur certains détails. Il vaut mieux s'occuper de ses amis que passer son temps à faire la chasse aux flocons de poussière.

12. Engagez quelqu'un pour faire le ménage, ne serait-ce qu'à l'occasion.

Je ne possède plus désormais qu'une partie des livres qui m'encombraient. Les autres ne font plus partie de ma vie. Une bonne part de mes souvenirs se sont aussi envolés, et il en est de même de la plupart des bibelots qui ramassaient la poussière. Ce qui ne m'a pas empêchée de décorer ma maison avec certains des menus objets que mes enfants ont confectionnés à la petite école ou chez les scouts. Et j'en suis fort aise.

Même le petit pingouin en plastique est encore là et il y restera sans doute encore longtemps.

Raison n° 2 : Cela pourrait me servir un jour

Lorsqu'ils invoquent pareille raison, les collectionneurs d'objets de toutes sortes ont tendance à dire : « Un jour, je pourrais avoir besoin de ces vieux... appareils ménagers, boutons, manuels scolaires, vêtements, jouets, morceaux de bois, panneaux de plâtre ou de bois, ustensiles de cuisine, clous rouillés, distributeurs de ruban adhésif vides, boîtiers de pellicule, pièces d'autos, assiettes, etc. » Mais quelqu'un vous a-t-il jamais demandé de lui passer vos vieux rideaux défraîchis ? Si vous n'avez pas eu besoin de toutes ces vieilleries jusqu'à présent et qu'elles ne vous servent à rien à l'heure actuelle, quelles sont les chances pour qu'elles vous soient utiles dans l'avenir ?

Si vous travaillez comme mécanicien et que vous ayez besoin de vieilles pièces d'auto, ou si vous avez trouvé une utilité pratique aux vieux boutons, c'est différent. Ou encore, si vous conservez des pièces de collection ou de valeur, la question se pose en d'autres termes. Assurez-vous néanmoins que votre collection possède bel et bien une valeur réelle ou potentielle. Il serait en effet ridicule d'investir votre temps et vos énergies dans des babioles qui vous rapporteront moins que rien dans cinquante ans !

Si aucun des objets que vous avez accumulés depuis des années ne vous a servi à quoi que ce soit jusqu'à présent, comment pouvez-vous justifier le fait de les conserver tous encore ? Et même si l'un d'entre eux pouvait encore vous être un jour de quelque utilité, vous souviendriez-vous de son existence et sauriez-vous le retrouver au milieu de votre bric-à-brac ?

Imaginez la scène suivante : Votre grille-pain tombe en panne et vous le remplacez par un neuf. Qu'allez-vous faire de l'ancien ? Le jeter ? Oh, que non ! Vous le remisez quelque part, sous prétexte qu'il pourrait vous servir encore si jamais le nouveau venait à vous lâcher à son tour. Mais à quoi bon, puisque l'ancien est détraqué!

Réponse du temporisateur : «Je pourrais peut-être récupérer certains éléments de l'ancien pour réparer le nouveau.» Voilà quelques années, ce principe était encore valable. Les gens démontaient un vieil appareil pour en réutiliser les pièces. Si votre télé tombait en panne, votre voisin était en mesure de fouiller dans un vieux poste oublié dans un coin poussiéreux de son garage pour y récupérer un tube, le fixer dans votre télé et celle-ci fonctionnait de nouveau. Mais cette époque est révolue. Les pièces des plus récents appareils électroménagers ne sont tout simplement plus interchangeables.

Et les autres objets ou articles que vous conservez au cas où vous en auriez besoin un jour ? Mettez-vous vos vêtements déchirés et délavés de côté en vue de repeindre votre appartement ou de toiletter votre chien ? Il faut bien quelque accoutrement approprié pour accomplir les corvées les plus salissantes, mais il est inutile de collectionner toute une garde-robe de vieux vêtements.

Et toutes ces fringues devenues trop étroites que vous conservez pour le jour où vous aurez perdu du poids ? Les porterez-vous vraiment ? Seront-elles encore à la mode ? Si vous faites des efforts pour devenir mince et svelte et que ceux-ci soient couronnés de succès, ne croyez-vous pas que vous mériterez de porter de beaux vêtements tout neufs ?

Dans un autre domaine, avez-vous gardé vos manuels scolaires et notes de cours ou de formation en pensant qu'ils pourraient servir à vos enfants ou à quelqu'un d'autre un de ces jours ? Vous imaginez votre adolescent en train de consulter vos piles de notes poussiéreuses, jaunies et illisibles, ou vos vieux manuels illustrés de photos démodées et vous remerciant pour cette faveur ?

Votre réticence à vous débarrasser de vos vieilleries provient sans doute de votre crainte d'en avoir besoin aussitôt après les avoir jetées. Et alors, que se passerait-il en pareil cas ? Ou que feriez-vous si vous en veniez à regretter de vous être défait de tel ou tel objet ? Il y a de fortes chances que vous puissiez les remplacer au besoin. Si vous hésitez à vous départir de quelque chose, demandez-vous : « Aurais-je de la difficulté à en trouver un autre ? Combien cela me coûterait-il ? » Déterminez ensuite ce qui vous paraît le plus sage : payer pour remplacer l'objet en question (en présumant que vous soyez obligé d'en arriver là) ou consacrer du temps et de l'énergie (sans compter les soucis occasionnés) afin de le conserver précieusement au cas où…

Je sais combien il peut être désolant de devoir répondre à un ami qui vous réclame l'exemplaire des *Dix Commandements à l'usage des propriétaires de chats* que vous possédiez depuis trois ans : « Je viens tout juste de le jeter à la poubelle (ou de l'envoyer au recyclage). » Le meilleur moyen de calmer ce genre d'appréhension consiste à vous répéter : « J'aimerais bien satisfaire les désirs de tout le monde, mais je ne vais quand même pas rester attaché à tous les biens en ma possession sous prétexte qu'ils pourraient servir un jour à quelqu'un quelque part. »

Quand vous éprouverez la sensation de liberté que procure l'action de se débarrasser de ses vieilleries sans que votre monde ne s'écroule pour autant, il vous sera plus facile de recommencer, car vous ne craindrez plus d'en avoir besoin dans un avenir hypothétique.

Raison n° 3 : Je suis incapable de jeter quoi que ce soit

Voilà qui semble la principale raison pour laquelle les collectionneurs de tout poil accumulent des vieilleries. Ce n'est pas qu'ils aiment leur barda ou qu'ils pensent en avoir besoin un jour. Ils n'arrivent tout simplement pas à s'en séparer.

Si l'idée de vous défaire de certaines de vos possessions crée des tensions en vous, ne désespérez pas. Examinez tout d'abord quelques-unes des raisons qui empêchent les gens de faire le ménage dans leur bric-à-brac.

Certains m'ont affirmé : « On voit que tu n'as pas grandi pendant la Dépression. » (Curieusement, j'ai entendu cet argument dans la bouche de personnes nées vingt ans après la crise des années 1930 !) D'autres encore se donnent comme excuse qu'ils ont connu la misère durant leur enfance.

Si vous deviez retomber dans le besoin, croyez-vous honnêtement que vous pourrez nourrir votre famille grâce à des centaines de boîtiers de pellicule vides ou à une douzaine de grille-pain hors d'usage ? Plus sérieusement, si vous songez à vous débarrasser de vos vieilleries mais que, en dépit de tous vos efforts, vous n'arriviez pas à passer à l'action, il vaudrait mieux solliciter les conseils d'un professionnel.

Votre bric-à-brac vous donne-t-il un sentiment de sécurité financière ? Il ne sert strictement à rien de vous accrocher à des vieilleries que vous détestez sous prétexte qu'elles pourraient prendre de la valeur un jour.

Une attitude plus constructive à cet égard consiste à déposer un peu d'argent dans un compte d'épargne chaque semaine. De même que l'accumulation progressive de vieilleries aboutit à encombrer votre maison, le dépôt hebdomadaire de petits montants d'argent peut rapidement vous aider à amasser un joli magot. L'amélioration de votre situation financière et le sentiment de sécurité qui l'accompagnera vous réjouiront peut-être au point où vous serez davantage disposé à délaisser une partie du bric-à-brac qui avait comme fonction de vous sécuriser...

L'ADIEU AUX VIEILLERIES ACCUMULÉES

Si vous êtes prêt à prendre votre fouillis à bras-le-corps, voici quelques suggestions qui vous aideront à franchir le premier pas. Établissez tout d'abord une distinction claire et nette entre ce que vous désirez conserver et ce que vous souhaitez éliminer de votre vie. Si vous vous sentez vraiment bien en compagnie de vos affaires personnelles, c'est qu'elles ne vous encombrent sans doute pas ; il s'agit de toute évidence de biens précieux que vous collectionnez et que vous chérissez. Gardez-les et trouvez un endroit où les conserver et les mettre en valeur.

Mais soyez honnête avec vous-même en faisant cet exercice. Ce qui autrefois était une source de réconfort et de sécurité pour vous peut très bien être devenu une source d'encombrement avec le temps. Voici trois exemples de personnes qui en sont venues à reconsidérer leur position face à leurs possessions.

Avec les années, la collection de poupées et d'animaux en peluche de Jessica s'est accrue au point de devenir encombrante pour elle. Après mure réflexion, elle en est venue à la conclusion que chaque poupée avait son histoire propre, riche en souvenirs qu'elle chérissait toujours ; elle trouva donc le moyen de les exposer derrière une vitrine, où elles cesseraient d'accumuler de la poussière. Elle tenta ensuite de nettoyer les animaux en peluche, mais sans succès. À l'exception de trois d'entre eux, elle décida de se débarrasser de sa collection parce qu'ils paraissaient sales et défraîchis et ne lui procuraient plus ni plaisir ni satisfaction.

CONSEILS POUR CRÉER DE L'ESPACE

Débarrassez-vous de l'objet si :
- vous l'avez toujours détesté
- vous ne le retrouvez plus ou vous oubliez que vous l'avez quand vous en avez besoin
- il est brisé ou passé de mode (et s'il est impensable de le réparer)
- il ne comble plus aucun besoin
- il est de la mauvaise taille, de la mauvaise couleur ou du mauvais style

---

• vous devez le nettoyer, l'entreposer, l'assurer ou lui réserver beaucoup d'espace sans qu'il ne vous procure la moindre satisfaction
• son utilisation vous embarrasse
• sa disparition ne vous dérangerait pas du tout.

Gardez l'objet si:
• vous êtes heureux de le conserver
• il vous rapporte de l'argent
• il a une valeur affective ou spirituelle pour vous
• il vous est utile
• il a une valeur de revente réelle
• il aura une grande valeur pour la prochaine génération.

Antoine possédait une collection de trophées qui ornaient tous les coins et recoins de sa maison. À une époque, ils avaient eu beaucoup de valeur à ses yeux ; ils lui rappelaient avec bonheur ses exploits sportifs d'antan. Mais tout cela n'a plus autant d'importance pour lui. Au lieu de s'en débarrasser, toutefois, il a décidé de les remiser soigneusement dans des boîtes étiquetées adéquatement. Il ne lui est désormais plus nécessaire de les épousseter, de les frotter et d'en prendre soin, ni même de craindre que les chiens ne les renversent par terre.

Le garage de Sophie était devenu une espèce d'entrepôt abritant tous les vieux appareils électroménagers tombés en panne qu'elle ait jamais possédés. Elle ignore d'ailleurs ce qui l'a poussée au départ à accumuler toute cette ferraille pendant toutes ces années. Elle a simplement pris la ferme décision de ne plus les conserver et de faire le ménage dans son garage.

COMMENT VOUS Y PRENDRE
POUR VOUS DÉBARRASSER
DE VOS VIEILLERIES ACCUMULÉES ?

Il n'est pas rare que les participants à mes séminaires en viennent à la conclusion qu'un environnement encombré conduit à avoir le cerveau encombré, ce qui mène à son tour à la procrastination. Ils en arrivent ainsi à décider de se débarrasser des vieilleries qui encombrent leur vie. La question qui se pose alors est : comment ?

Il existe des dizaines de façons de s'y prendre qui n'impliquent pas obligatoirement de jeter tous vos trésors accumulés. Si vous êtes de ceux qui aiment collectionner les vieilleries, la poubelle n'est peut-être pas la meilleure solution : vous pourriez être tenté, au beau milieu de la nuit, d'en retirer tout ce que vous y avez mis !

Une excellente manière de vous défaire de vos biens accumulés consiste à organiser une vente de débarras au cours de laquelle les gens vont vous donner de l'argent en échange de vos vieilleries. Mais certains sont réticents à se donner la peine de lancer une telle opération, de mettre des étiquettes sur les articles à vendre et d'attendre tout un week-end que les voisins se manifestent. D'autres ne peuvent se faire à l'idée que des étrangers puissent partir avec leurs biens précieux. Il n'y a en effet rien de plus pathétique que de voir un homme courir derrière une voiture dans l'espoir de récupérer sa tête d'orignal chérie !

Mais quelle que soit la raison pour laquelle vous ne voulez pas organiser de vente de débarras chez vous, rien ne vous empêche de demander à des amis qui en font une chez eux de vous permettre d'y étaler vos possessions à côté des leurs. Vous pourriez leur offrir en échange de collaborer à étiqueter les articles à vendre, de remplacer la personne à la caisse pendant quelques heures, voire de leur reverser un pourcentage de vos gains.

Une façon vraiment gratifiante de se débarrasser de ses vieilleries consiste à en faire don à un organisme de charité. Ce pourrait être une église qui organise une vente de charité ou une organisation qui ramasserait chez vous, à quelques reprises dans l'année, les objets dont vous ne voulez plus, ou qui disposerait d'un dépôt situé près de chez vous. Certains organismes réparent les appareils électroménagers, d'autres récupèrent les vêtements usagés, d'autres encore collectionnent les lunettes, les livres, les accessoires pour animaux de compagnie, les timbres oblitérés, voire les étiquettes de boîtes de soupe. Informez-vous autour de vous ou consultez les pages jaunes afin de savoir qui accepte quoi. Renseignez-vous auprès de votre mairie, de votre église, de votre bibliothèque ou de votre bureau local de services sociaux afin de découvrir quel organisme est susceptible de s'intéresser à votre bric-à-brac. En recyclant ainsi vos biens, non seulement vous rendrez service aux autres et à vous-même, mais vous rendrez aussi service à notre planète.

Si vous avez pris la décision de faire don de certains objets mais que vous êtes encore trop attaché à eux pour les laisser aller, rangez-les dans des boîtes ou des sacs sur lesquels vous apposerez des étiquettes portant la date du jour et remisez-les dans un placard, au sous-sol, au grenier, au garage ou dans un coin de votre chambre. Six mois plus tard (ou à une date qui vous convient), apportez-les à un organisme qui se fera un plaisir d'en prendre possession. Résistez à la tentation d'en regarder le contenu. Si tous ces objets accumulés ne vous ont été d'aucune utilité au cours des derniers mois, c'est que vous n'en avez plus vraiment besoin. Et si la tâche vous semble encore trop pénible, demandez à un ami de les emporter pour vous.

DEMANDEZ DE L'AIDE À UN AMI QUI N'A PAS L'HABITUDE D'ACCUMULER DES VIEILLERIES

Si vous avez sincèrement l'intention de vous débarrasser de votre bric-à-brac mais que vous avez de la difficulté à vous mettre en marche, vous êtes probablement en train de vous priver de l'une des plus formidables ressources qui puissent exister, à savoir vos amis. Vous seriez surpris d'apprendre que tout le monde n'accumule pas forcément des tas de vieilleries chez lui. Si vous en discutez avec des amis, vous découvrirez sans doute que bon nombre de gens que vous connaissez parviennent aisément à se défaire de choses devenues inutiles pour eux et seraient tout à fait disposés à vous aider à en faire autant. Comment ?

DES CADEAUX, ENCORE ET TOUJOURS DES CADEAUX

Vous seriez on ne peut plus désireux de vous débarrasser de votre lampe en forme de crâne d'alligator, de votre vase rituel contre la stérilité ou de votre coussin à paillettes en imitation de velours noir en provenance de Las Vegas, mais vous en êtes incapable parce qu'il s'agit là de présents offerts par vos parents. Et ces derniers se rendraient compte de leur disparition à leur prochaine visite.

Il arrive ainsi parfois qu'on se retrouve avec des cadeaux dont on ne sait que faire. Si vous êtes en bons termes avec le généreux donateur, vous pouvez toujours lui expliquer que son présent ne vous sera d'aucune utilité, mais il faut beaucoup de tact pour y arriver ; même là, vous risqueriez de blesser un être cher. Si quelques années ont passé depuis qu'on vous a offert le cadeau en question, vous avez toujours la possibilité d'expliquer qu'il est temps pour vous de passer à autre chose et de le remettre à quelqu'un d'autre ou de le remplacer.

Mais comme il est toujours malaisé de se départir d'un présent affreux ou indésirable, il est préférable d'adopter des mesures préventives et de faire en sorte de freiner dès l'abord l'ardeur de tels donateurs. Lorsqu'on vous demande ce que vous désirez pour votre anniversaire, avez-vous l'habitude de répondre : « Rien » ? Deux possibilités risquent alors de se présenter. Ou vous ne recevez effectivement rien, ce qui est parfait dans la mesure où vous n'avez pas menti. (Admettez néanmoins que cela vous dérange un peu qu'on ne vous ait rien offert.) Ou vous recevrez malgré tout quelque chose qui, espèrent vos donateurs, vous fera plaisir. Si c'est le cas, tant mieux pour vous. Sinon, ce sera un objet de plus à ajouter aux autres qui vous encombrent déjà. Autant vous faire à l'idée que les gens aiment donner des cadeaux et qu'ils apprécieraient savoir quoi vous offrir.

La conseillère matrimoniale Patricia Connelley a eu une idée brillante pour son soixantième anniversaire de naissance. Elle a invité un grand nombre de parents et d'amis tout en sachant que ceux-ci n'oseraient se présenter les mains vides à la fête qu'elle avait organisée pour la circonstance. Or, elle ne désirait aucun présent ; son appartement était déjà encombré de tout ce qu'elle pouvait désirer. Aussi les pria-t-elle, sur le carton d'invitation qu'elle leur fit parvenir, d'apporter de la nourriture à l'intention de la banque alimentaire de sa localité. Le lendemain de la réception, elle fit livrer des centaines de kilos d'aliments à cet organisme de charité. Ainsi, tout le monde y a gagné au change : Patricia, ses proches (pour qui il était impensable d'arriver les mains vides) et, surtout, des dizaines de gens dans le besoin. Quand des gens vous demandent ce que vous souhaitez pour une occasion particulière, faites-leur connaître vos désirs. S'ils ne vous posent pas la question, prenez les devants en leur faisant part de vos idées et suggestions.

Donnez-leur des détails précis à ce sujet, en leur décrivant l'article souhaité et en leur indiquant où se le procurer. Ou encore, sélectionnez divers articles de différents prix dans un catalogue, de sorte que vos donateurs puissent choisir à leur discrétion et que vous receviez quelque chose qui vous plaira réellement.

Si vous ne souhaitez pas être encombré d'objets supplémentaires, réclamez :

- une carte d'abonnement valable pour un musée, un zoo ou une troupe folklorique ;
- un certificat-cadeau valable pour un repas, un massage ou une glace ;
- des billets pour un spectacle ou une pièce de théâtre ;
- un livre que vous pourrez offrir à un ami ou à une bibliothèque après l'avoir lu ;
- un don à un organisme de charité de votre choix.

Ne soyez pas affligé parce que des êtres chers et bien intentionnés continuent de vous submerger de présents dont vous n'avez nul besoin ni envie. Si vous voulez cesser d'accumuler des choses inutiles tout en restant aimable avec vos proches si généreux, vous devez apprendre à leur communiquer vos désirs avec tact et imagination.

Leurs encouragements pourront vous aider à comprendre qu'il ne vous arrivera rien de fâcheux le jour où vous vous libérerez enfin du poids que représentent vos vieilleries. Vos amis pourront aussi vous aider à déterminer ce dont vous pouvez vous passer ou non. Au cours d'une de ses premières tentatives d'éliminer ce qui l'encombrait, Estelle, qui a participé à un de mes séminaires, a choisi de s'attaquer à sa penderie. Elle demanda à une de ses amies du nom de Sandra de l'encourager à se débarrasser d'au moins la moitié des vêtements qu'elle ne portait plus. Sandra lui demandait: «Depuis quand n'as-tu plus porté cette robe?» Si Estelle répondait: «Je ne l'ai jamais mise», Sandra l'invitait à s'en départir.

Il a suffi à Estelle d'une seule séance du genre. Par la suite, elle était en mesure de toiser du regard des vêtements qu'elle avait à peine portés et de se dire qu'elle avait commis une erreur le jour où elle les avait achetés. Dorénavant, elle y songe à deux fois avant de faire de telles dépenses. Et si elle s'aperçoit qu'elle s'est malgré tout trompée, elle s'empresse aussitôt de rapporter l'article plutôt que de le laisser suspendu dans sa garde-robe pendant des années.

Quand vous aurez trouvé un ami qui a le sens de la rationalisation, de l'ordre et de l'organisation, et qui est disposé à vous guider dans vos démarches, il ne sera peut-être pas nécessaire qu'il vienne chez vous. Le fait de lui faire part de vos progrès au téléphone peut suffire à vous inciter à persévérer.

★★★

Chaque pas que vous faites dans la bonne direction contribue à vous libérer de votre problème de procrastination. Chaque fois que vous vous débarrassez de papiers ou d'objets encombrants, vous contribuez à mieux gérer votre temps et votre vie. Et vous constaterez que plus vous allez de l'avant, plus il devient facile pour vous de faire des progrès.

CONSEILS POUR VOUS DÉBARRASSER DE VOTRE PAPERASSE

- Alimentez régulièrement votre corbeille à papier.
- Jetez tous les papiers inutiles.
- Élaguez à mesure que vous recevez des documents.
- Ne perdez pas de temps avec les dépliants publicitaires; contentez-vous de les mettre à la corbeille.
- Remettez sans tarder à la personne compétente tout document que vous n'avez pas besoin d'examiner personnellement.

- Rangez à un endroit approprié tout ce qui en vaut la peine et faites de même avec vos papiers.
- Comprenez que le fait de vous débarrasser de quelque chose d'inutile ne représente pas la fin du monde.
- Envoyez les papiers au recyclage.
- Posez-vous les questions suivantes : «Ai-je réellement envie de conserver ce papier? Ai-je réellement envie de réserver de l'espace utile à l'accumulation de paperasse inutile?»

Pensées à méditer

Vivre ne consiste pas à avoir et à obtenir, mais à être et à agir.

Auteur inconnu

La vie ne se résume pas à tout avoir.

Maurice Sendak

L'abondance ne se mesure pas à ce que nous possédons mais à ce que nous prenons plaisir à faire.

John Petit-Senn

Les meilleures choses de la vie ne sont généralement pas des choses.

Auteur inconnu

Tant que vous ne serez pas en paix avec ce que vous êtes, vous ne serez pas heureux de ce que vous avez.

Doris Mortman

Si nous ne pouvons accomplir des choses extraordinaires, nous pouvons accomplir des choses ordinaires de manière extraordinaire.

Auteur inconnu

Pendant que vous remettez à demain, la vie file comme l'éclair.

Sénèque

Avoir de la motivation, c'est faire en sorte que nos rêves revêtent leurs habits de travail.

Hal Roach

Vous avez le devoir d'accomplir ce que vous êtes persuadé de ne pouvoir accomplir.

Eleanor Roosevelt

Si je ne m'en suis pas servi pendant un an, c'est que ma vie n'en dépend pas.

Rita Emmett

EXERCICE PRATIQUE

Jetez un coup d'œil à ce que vous accumulez aux endroits suivants :

* la cour de votre maison ;
* votre voiture ;
* votre salle de séjour ;
* votre cuisine ;
* la table de votre salle à manger ;
* votre salle de bain, y compris la pharmacie ;
* votre chambre à coucher ;
* votre garage ;
* votre sous-sol ou votre grenier ;
* votre chambre d'amis ;
* votre classeur et vos tiroirs ;
* vos armoires et vos placards ;
* votre bureau ;
* votre bibliothèque ;
* votre cagibi ;
* votre sac à main ou votre portefeuille ;
* votre porte-documents.

Ce que vous y conservez est-il important ? En avez-vous réellement besoin ? Pourriez-vous vous en passer ? Êtes-vous disposé à vous en occuper ? à lui réserver de l'espace ? à le surveiller ? à vivre avec ? à le nettoyer ? Prenez une décision à ce sujet sur-le-champ.

EXERCICE SUPPLÉMENTAIRE

Pendant une semaine, passez quinze minutes par jour à faire le tri de votre paperasse accumulée ; décidez ensuite de ce que vous allez jeter, classer, recycler, de la réponse que vous allez donner à certaines lettres ou des mesures que vous allez prendre.

Action !

CHAPITRE 9

Le temps, c'est de l'argent

Vous serez peut-être surpris d'apprendre que la procrastination peut avoir un sérieux impact sur l'état de vos finances. Le seul fait de parler d'argent a d'ailleurs pour effet immédiat d'inciter certaines personnes à temporiser. Est-ce que vous retardez le plus possible le moment où il vous faut aborder cette question ? Avez-vous l'habitude de payer vos factures ou d'alimenter votre compte-chèques en retard ? Est-ce que vous avez déjà eu l'intention de souscrire à un régime d'épargne ou à un programme de placement sans jamais passer à l'action ? Êtes-vous du genre à vous y prendre au dernier moment pour remplir votre déclaration de revenus, à courir alors en tous sens à la recherche de formulaires ou de reçus égarés, puis à vous précipiter à la poste à la dernière minute afin de l'expédier ?

Tous les ans à la même époque, les chaînes de télévision locales nous montrent des scènes de voitures bloquées sur des kilomètres à la ronde autour de la poste centrale de Chicago, tous les conducteurs s'efforçant en même temps de faire oblitérer leurs déclarations de revenus avant le moment prescrit. Ils ont bien souvent l'air tendu plutôt que soulagé. Lorsqu'on les interviewe, la plupart déclarent qu'ils ont sérieusement l'intention de s'y prendre plus tôt l'année suivante.

Voilà plusieurs années, Édouard, qui développait une entreprise prospère dans le domaine de la vente à paliers multiples, me demanda conseil parce qu'il avait l'habitude de s'occuper de ses impôts au dernier moment. Il me lança en soupirant au téléphone : « Je sais comment faire prospérer une entreprise, comment faire de la mise en marché, comment faire de la gestion de personnel et comment vendre des produits. Mais j'appréhende tellement le moment où je dois remplir ma déclaration de revenus que j'attends à la dernière minute pour le faire, avec comme résultat que je bâcle le tout. » Le fait de devoir chercher à gauche et à droite tous les documents dont il avait besoin pour faire du bon travail avait pour effet de l'épuiser et de l'irriter au plus haut point. Il m'a ensuite raconté comment s'était passée sa première rencontre avec son comptable. Édouard avait remis à ce dernier, dans un sac d'épicerie, tous les reçus sur lesquels il avait pu mettre la main. En voyant le contenu du sac, le comptable s'était esclaffé.

UN REMÈDE AU CAFARD DÛ AUX IMPÔTS

Comme la plupart des gens qui appréhendent le moment de remplir leur déclaration de revenus, Édouard avait besoin de se faire rappeler ce vieil adage : « Une place pour chaque chose, chaque chose à sa place. » Il disposait déjà de chemises dans lesquelles il conservait ses factures et reçus, de sorte qu'il pouvait à tout moment s'y référer au besoin. Son problème provenait plutôt de l'accumulation des divers papiers qu'il commençait à recevoir dès la mi-janvier : formulaires d'impôts, relevés d'intérêts perçus et payés, fiches de remboursement d'impôts ou d'impôts payés, articles comportant des conseils en matière de fiscalité et tout autre document ayant trait aux impôts et qui n'avait pas de dossier attitré. Tous ces papiers finissaient éparpillés aux quatre coins de son foyer.

Une partie du problème d'Édouard provenait de ce qu'il ne disposait pas de l'espace suffisant pour installer un bureau et de ce que son entreprise croissait à pas de géant. Il m'a avoué avec optimisme qu'il comptait sur le départ prochain de deux de ses enfants, devenus adolescents, pour récupérer une pièce qui pourrait lui servir de bureau. Je n'ai pas eu le courage de lui répondre que les jeunes sont moins empressés de quitter le cocon familial de nos jours et que certains reviennent même à la maison après avoir fait leur expérience de la vie.

Édouard n'en était pas moins déterminé à régler son problème et ce, pour diverses raisons :

- Il ne pouvait plus supporter d'être la risée de ses frères et de ses amis du fait qu'il remplissait ses déclarations de revenus à la dernière minute.
- Il tenait à ce que ses associés le prennent au sérieux. Or, sa course contre la montre au moment des impôts ne lui donnait pas une allure très professionnelle.
- Il était davantage susceptible de se tromper ou d'oublier des détails importants quand il s'y prenait à la dernière minute pour remplir sa déclaration.
- Il détestait payer des amendes ou des frais de retard.

Nous avons donc conçu un plan qui lui permettrait de mettre de l'ordre dans ses papiers. Au début, il se contentait de mettre dans une boîte tout ce qui avait trait à ses impôts, et il rangeait le tout dans un placard ou sous son lit. Encore lui fallait-il faire le tri de toute cette paperasse et la disposer en bon ordre au moment des impôts, mais au moins il avait tout ce qui lui était nécessaire sous la main. Puis il se procura une grande boîte dans laquelle il disposa des enveloppes comportant des étiquettes appropriées, pour la remplacer ensuite par une boîte en plastique dotée de dossiers suspendus qu'il s'était procurée dans une papeterie. (Peut-être devriez-vous faire comme Édouard et vous rendre à l'occasion dans un magasin d'accessoires de bureau, histoire de voir si certains des articles proposés ne pourraient pas vous rendre la vie plus facile ou vous aider à mieux vous organiser.)

J'ai aussi aidé Édouard à établir un échéancier. Comme les papiers pertinents commencent à s'accumuler des mois avant la fin du délai prescrit, il entreprend dès lors un compte à rebours. Il décide de la date à laquelle il postera sa déclaration. Il inscrit ensuite sur le calendrier à quel moment il entend finir de la remplir et, enfin, la date où il prévoit commencer à la remplir. Que vous fassiez préparer votre déclaration de revenus par un comptable ou que vous fassiez le travail vous-même, rien ne vous empêche de procéder ainsi.

En guise de préparation mentale, voyez-vous à l'œuvre en imagination. De quoi aurez-vous besoin? De certains formulaires ou de renseignements? de conseils ou de supervision? de certains accessoires, dont une calculatrice ou un logiciel de calcul? Devrez-vous prendre rendez-vous à ce propos? Inscrivez tous ces détails sur une liste. Fixez des délais intermédiaires qui soient antérieurs aux échéances prévues. Décidez ensuite des petites récompenses que vous vous octroierez pour chaque objectif intérimaire atteint dans les délais impartis, ainsi que de l'importante gratification qui vous attend quand le tout sera terminé, que votre déclaration aura été expédiée et que les copies de vos documents auront été mises en lieu sûr.

Aujourd'hui, Édouard remplit lui-même sa déclaration de revenus à l'aide d'un logiciel conçu à cet effet. En appliquant les conseils qu'il a reçus, il réussit à se libérer l'esprit bien avant la date limite prescrite. À l'en croire, «l'autre Édouard», celui qui avait l'habitude de laisser traîner les choses jusqu'au dernier moment, a disparu à jamais.

CONSEILS POUR VOUS AIDER À REMPLIR
VOS DÉCLARATIONS DE REVENUS À TEMPS

1. Procédez en comptant à rebours.
2. Assignez une place à chaque chose (reçus, factures payées, chèques auxquels vous avez fait opposition, etc.).
3. Assignez une place à tous les papiers et documents qui ont trait aux impôts.
4. Retenez au besoin les services d'un conseiller fiscal ou d'un ami compétent dans ce domaine, ou procurez-vous un guide ou un logiciel susceptible de vous dépanner.
5. N'oubliez pas de vous récompenser pour vos valeureux efforts.

LE COÛT ÉLEVÉ DES INTÉRÊTS

Les frais de retard – à commencer par les frais exorbitants perçus chaque fois que vous émettez un chèque sans provisions – constituent un autre domaine où votre tendance à temporiser peut affecter sérieusement l'état de vos finances. (Voilà ce qui se produit quand vous tardez à approvisionner votre compte-chèques…) S'il vous arrive à l'occasion de négliger de payer un compte ou une facture à temps, ou de ne pas rapporter un livre ou une cassette vidéo dans les délais prévus, votre situation financière ne devrait pas en souffrir outre mesure. Mais si pareille négligence devient une habitude, vous devrez tôt ou tard payer des frais ou des intérêts qui viendront gruger vos économies péniblement accumulées.

Additionnez tous les frais de retard payés au cours d'une même année et vous verrez s'il vaut la peine de vous pencher sérieusement sur cette question. Carole, célibataire de son état, m'a fait part de son intention de ramener à zéro les montants de ses factures mensuelles de cartes de crédit, mais elle en était incapable pour la simple raison qu'elle se sentait constamment poussée à faire de nouveaux achats. Pendant de nombreuses années, le solde mensuel combiné de ses cinq cartes de crédit s'est élevé à environ 7000 $. Rien ne semblait pouvoir l'inciter à cesser d'acheter à crédit. Elle se justifiait en se disant : « Les intérêts mensuels ne sont pas très élevés, au fond. » Elle avait cédé aux arguments voulant que le taux d'intérêt appliqué à certaines cartes était faible, mais elle avait oublié que celui-ci passait à 17 p. 100 et plus après une période d'essai donnée. Dans d'autres cas, les intérêts sont majorés dès qu'un paiement est effectué en retard.

Nous avons examiné combien elle devait payer d'intérêts pour chacune de ses cinq cartes, à savoir respectivement 15,5 p. 100, 17,5 p. 100, 18 p. 100 (dans deux cas) et 21 p. 100. Elle devait donc verser en moyenne 18 p. 100 d'intérêt sur les 7000 $ qu'elle devait, soit 1 260 $ chaque année ! Carole comprit que les intérêts versés chaque année suffiraient amplement à couvrir les dépenses de la croisière dans les Antilles qu'elle rêvait depuis toujours d'effectuer sans vraiment y croire. Elle constata également qu'elle payait plus de 200 $ de frais de retard par année parce qu'il lui arrivait parfois de ne pas régler ses factures à temps.

Elle trouva soudain la motivation nécessaire pour passer à l'action. Elle se débarrassa de toutes ses cartes de crédit, à l'exception de deux. Elle en conserva une dans le tiroir de sa coiffeuse pour les urgences. En la laissant à la maison, elle s'évitait de faire des achats impulsifs. Elle mit l'autre – dont elle ne se servait que pour faire le plein – dans son porte-monnaie. Près d'un an plus tard, elle commença à utiliser une carte de débit, histoire d'éviter de garder trop d'argent sur elle et de ne plus utiliser de carte de crédit.

Elle se fixa un délai raisonnable pour rembourser ses dettes et réduire son train de vie, tout en se promettant d'y songer dorénavant à deux fois avant de faire des dépenses inconsidérées. Il lui a fallu vingt-deux mois pour liquider ses dettes et, depuis, elle a évité d'en accumuler d'autres.

Grâce à l'argent ainsi économisé, elle a pu se permettre de faire une croisière dans les Antilles pendant deux hivers d'affilée. En plus d'avoir remporté une importante victoire sur elle-même, elle a trouvé la solution idéale pour mieux supporter les rudes hivers du Midwest américain !

Avec le temps, de petites fuites d'argent dues à de mauvaises habitudes peuvent équivaloir à de petites fortunes perdues, de même que de petits montants épargnés avec régularité peuvent se transformer en un véritable pactole.

RELEVÉS DE DÉPENSES

Est-ce que vous négligez de vous faire rembourser vos dépenses d'affaires parce que vous tardez à présenter vos factures ? Si tel est le cas, les intérêts sur tout ce que vous avez payé à crédit ne font que s'accumuler. Autant d'argent durement gagné que vous perdez là également.

Commencez à colmater les fuites en identifiant la source de votre problème. Vous arrive-t-il d'attendre des semaines, voire des mois, avant de soumettre vos relevés de dépenses pour remboursement, avec comme résultat que vous en oubliez la moitié ou que vous ne savez plus quelles factures présenter ? Ne vous faudrait-il pas un endroit approprié où ranger au fur et à mesure reçus et autres relevés, à moins qu'une méthode d'organisation adéquate vous fasse défaut ?

LES BONS DE RÉDUCTION DÉTACHABLES

Bons de réduction et autres coupons détachables sont là pour vous permettre de réaliser des économies, à la seule condition de vous en servir. Pour certains, il s'agit toutefois de sources d'irritation aussi bien que de prétextes à temporiser.

- Laissez-vous journaux et magazines s'accumuler sous prétexte que vous allez découper un jour les bons de réduction qui s'y trouvent?
- Vous arrive-t-il d'aller acheter certains articles en promotion mais d'oublier de remettre les coupons que vous aviez en poche?
- Vous est-il arrivé d'exhiber fièrement un bon de réduction, pour apprendre de la bouche du caissier qu'il était expiré depuis longtemps?
- Rangez-vous vos coupons à divers endroits (à l'intérieur de tiroirs, tasses, meubles, livres, portefeuilles, etc.) où ils arrivent à terme sans jamais servir à personne?
- Avez-vous déjà acheté un article assorti d'une remise par la poste que vous n'avez jamais expédiée? Ou avez-vous été dans l'impossibilité de vous faire rembourser parce que vous aviez égaré la facture?

Bons de réduction et remises ne vous rendront pas millionnaire, mais si vous tardez à les utiliser, vous finirez par croire que vous êtes incapable de faire face aux petits détails de la vie quotidienne. Prenez par conséquent la décision de les utiliser, en vous organisant en conséquence à l'aide des diverses méthodes exposées dans ce livre, ou décidez au contraire de ne pas y prêter attention dorénavant, éliminant du coup le problème qu'ils pourraient représenter pour vous.

Relevés de dépenses et modes de remboursement variant même au sein d'une même profession, vous devrez faire des recherches à ce sujet. Demandez à des confrères œuvrant dans le même domaine que vous comment ils font pour s'organiser et réduire le processus à sa plus simple expression. Exigez des réponses précises, notamment sur la manière dont ils notent toute dépense pour laquelle on ne leur remet aucun reçu, tels les pourboires. Inscrivez sur votre liste : « Remplir les déclarations de dépenses» et indiquez sur votre agenda à quel moment vous comptez vous y mettre (vendredi à 10 h, par exemple). Si votre problème consiste à réunir ou à retrouver vos reçus, assurez-vous de dénicher un endroit où les ranger, peu importe qu'il s'agisse d'une chemise, d'une boîte ou d'une enveloppe. L'essentiel est de les garder en un lieu approprié.

Une fois que vous aurez mis en place une méthode efficace et pris l'habitude de remplir vos relevés de dépenses de façon régulière, n'oubliez pas de vous récompenser après avoir fini le travail tant redouté.

METTEZ EN PLACE UN PLAN D'ÉPARGNE

Peut-être mettez-vous déjà des économies de côté pour des projets à court terme, comme prendre des vacances ou effectuer un premier versement sur l'achat d'une maison, ou pour des projets à plus long terme, comme payer des études à vos enfants ou prendre une retraite confortable. Mais quel que soit votre objectif, le meilleur moyen de l'atteindre consiste à décider de mettre une partie de vos revenus de côté en vue d'investir l'argent ainsi épargné. Même s'il ne s'agit initialement que d'un montant minime, il pourra vous rapporter gros avec le temps, pourvu que vous procédiez avec régularité. Car même un plan d'épargne modeste vaut mieux que pas de plan d'épargne du tout.

SUBVENTIONS, BOURSES D'ÉTUDES
ET AUTRES FORMES D'AIDE FINANCIÈRE

Si vous temporisez au lieu de réclamer les subventions, bourses d'études et autres formes d'aide financière auxquelles vous avez droit, vous vous privez de sources légitimes de revenus aussi bien que d'occasions inespérées. Les demandes reçues après les délais prescrits sont généralement rejetées.

Afin d'éviter ce genre d'ennuis, servez-vous de la méthode du compte à rebours. Décidez du moment où vous devez ou souhaitez poster la demande en question. Établissez ensuite une échéance intermédiaire pour la remplir. Dressez la liste des papiers ou des renseignements dont vous aurez besoin, ainsi que la liste des personnes à qui vous devrez écrire ou téléphoner.

Je connais un étudiant qui s'est mis à l'œuvre une semaine avant la date d'échéance fixée pour une demande d'aide financière. Il a alors découvert qu'il lui fallait une copie de son dossier scolaire. Lorsqu'il a appelé à son ancienne école, on lui a fait savoir que sa demande devait être faite par écrit. N'ayant pu réunir à temps les documents qu'on lui demandait, il a donc raté une belle occasion d'obtenir une bourse d'études, en plus de compromettre ses chances d'entrer à l'université ce semestre-là. S'il avait utilisé la méthode du compte à rebours, il aurait pu éviter ce malheur.

Lorsqu'il n'était encore qu'un enfant, Michel livrait des journaux à domicile. Le jour où il est rentré à la maison avec sa première paye, il a aussitôt annoncé à sa mère ce qu'il entendait s'acheter avec l'argent en question. Elle lui répondit : « Même si ce n'est qu'un petit montant, tu dois d'abord te payer toi-même. » Elle lui enseignait ainsi les vertus d'un plan d'épargne, qu'elle l'aida d'ailleurs à mettre en route. Lorsqu'il eut accumulé dix dollars dans sa tirelire, ils allèrent ensemble à la banque avec les pièces de monnaie accumulées et elle l'aida à ouvrir un compte d'épargne. La mère de Michel lui rappela constamment de se payer un salaire à lui-même avant d'acheter quoi que ce soit. C'en est même devenu une scène familière : Michel et sa mère entrant dans la banque et se dirigeant vers le comptoir, le garçon y déposant les pièces de monnaie économisées, accompagnées de son livret d'épargne, le préposé inscrivant le montant dans le livret et rendant celui-ci à Michel, qui se réjouissait de voir ses économies fructifier.

Bien des années plus tard, lorsque Michel fut en âge d'acheter sa première voiture, ses économies accumulées lui permirent de se procurer sur-le-champ le modèle de son choix. Il continua de travailler tout en étudiant, et il continua de mettre régulièrement de l'argent de côté, aussi minime que fût le montant. S'il lui arrivait d'avoir désespérément besoin d'argent, il pouvait toujours «compter» sur son compte d'épargne.

Il était dans la vingtaine lorsque lui et Danielle, sa nouvelle épouse, décidèrent de verser un acompte sur une maison, l'argent nécessaire provenant essentiellement du fait que Michel avait conservé son habitude d'épargner. Le couple a aujourd'hui deux enfants et Danielle travaille à temps partiel, ce qui lui permet d'élever sa jeune famille. Leur situation s'est quelque peu détériorée dans la mesure où ils parviennent difficilement à joindre les deux bouts. Néanmoins, Danielle et Michel continuent d'alimenter, même modestement, un plan d'épargne; ainsi, tous les mois, trente dollars sont prélevés automatiquement de leur compte courant et déposés dans un fonds commun de placement. La plupart de leurs amis n'ont aucun plan d'épargne; ces derniers estiment en effet ne pas être en mesure, à cette étape de leur vie, d'investir de grosses sommes dans de tels programmes. Résultat: ils ne mettent rien de côté. Mais Danielle et Michel sont d'avis qu'ils peuvent se permettre d'économiser un dollar par jour même si leurs revenus sont faibles et leurs dépenses élevées. Ils sont confiants que leur situation s'améliorera lorsque les enfants iront à l'école et que Danielle pourra retourner au travail à temps plein. Ils ont d'ailleurs prévu accroître leurs investissements mensuels aussitôt que leurs revenus augmenteront.

Le conseiller financier Robert Jackway a préparé deux tableaux à l'intention de Danielle et de Michel. On peut voir, d'après le premier (voir tableau A), qu'ils auront accumulé 7 200 $ en vingt ans s'ils maintiennent le niveau de leur placement mensuel dans son état actuel. Avec un rendement annuel moyen de 10 p. 100, leur placement vaudrait 21 152 $ après tout ce temps. Il est toutefois probable que le jeune couple parviendra tôt ou tard à accroître le montant de ses versements mensuels. Le second tableau (voir tableau B) préparé par Robert montre qu'un placement mensuel de 50 $ (soit moins de deux dollars par jour) représenterait, au bout de vingt ans, un placement total de 12 000 $ dont la valeur totale s'élèverait, si le taux d'intérêt reste inchangé, à 35 254 $.

Robert fit comprendre à Michel et à Danielle à quel point la procrastination fait perdre de l'argent aux gens. En tant que conseiller financier, il est bien placé pour le savoir ! Imaginons qu'un couple attende cinq ans avant d'économiser 30 $ par mois. Après quinze ans d'épargne, le montant accumulé s'élèverait à 11 734 $ (voir tableau A), contre 21 152 $ après vingt ans pour Michel et Danielle. En argent investi, cela représenterait 1 800 $ de moins, mais en valeur accumulée, près de 10 000 $ de moins ! En d'autres termes, d'après les exemples sous nos yeux, reporter de cinq ans la mise en place d'un plan d'épargne équivaut à une perte d'environ 10 000 $. Temporiser coûte cher !

Lorsque vous aurez pris la décision de mettre régulièrement de l'argent de côté et que vous aurez déterminé quelle somme vous êtes disposé à investir, il ne vous restera qu'à trouver le moyen de vous faciliter la tâche. Certaines entreprises prélèvent le montant établi directement de votre paye et le déposent pour vous dans votre compte d'épargne. La plupart des banques et sociétés de placement peuvent de même transférer automatiquement des fonds de votre compte courant à votre compte d'épargne. Il existe par ailleurs divers nouveaux modes de prélèvement tous conçus pour faciliter la tâche aux épargnants. À vous de les utiliser et vous constaterez avec bonheur à quel point de petits placements effectués *régulièrement* peuvent vous rapporter gros avant longtemps !

★★★

Les formes que peut prendre la temporisation sur le plan financier sont multiples. Le présent chapitre ne prétend en aucun cas vous dispenser de consulter un conseiller financier compétent. Mon objectif était simplement de vous montrer comment tirer parti des principes enseignés dans ce livre et les appliquer à votre situation financière, afin de vous aider à atteindre sans tarder vos objectifs financiers.

TABLEAU A
MONTANTS ACCUMULÉS SUR UNE PÉRIODE DE VINGT ANS
VERSEMENTS MENSUELS DE 30 $

Préparé pour Michel et Danielle
Par Robert C. Jackway, expert financier

Calculs basés sur des versements mensuels de 30 $ répartis sur une période de 20 ans et rémunérés au taux annuel de 10 p. 100.

Fin de l'année considérée	Dépôts accumulés[a] (si applicable)	Économies d'impôts accumulées	Intérêts accumulés	Valeur accumulée
1	360	N/A	9	369
2	720	N/A	56	776
3	1 080	N/A	142	1 222
4	1 440	N/A	274	1 714
5	1 800	N/A	455	2 255
6	2 160	N/A	689	2 849
7	2 520	N/A	984	3 504
8	2 880	N/A	1 343	4 223
9	3 240	N/A	1 775	5 015
10	3 600	N/A	2 286	5 886
11	3 960	N/A	2 884	6 844
12	4 320	N/A	3 577	7 897
13	4 680	N/A	4 376	9 056
14	5 040	N/A	5 291	10 331
15	5 400	N/A	6 334	11 734
16	5 760	N/A	7 517	13 277
17	6 120	N/A	8 854	14 974
18	6 480	N/A	10 360	16 840
19	6 840	N/A	12 054	18 894
20	7 200	N/A	13 952	21 152

[a] Frais de vente, frais administratifs et autres coûts non compris, si applicables.

Pour toute question relative à un plan d'épargne ou à un régime de placement adapté à vos besoins spécifiques, veuillez vous adresser à votre conseiller financier. Les contribuables québécois et canadiens pourront adapter ce tableau à leur situation en ajoutant les économies d'impôt réalisées grâce aux Régimes enregistrés d'épargne-retraite (REER).

TABLEAU B
MONTANTS ACCUMULÉS SUR UNE PÉRIODE DE VINGT ANS
VERSEMENTS MENSUELS DE 50 $

Préparé pour Michel et Danielle
Par Robert C. Jackway, expert financier

Calculs basés sur des versements mensuels de 50 dollars répartis sur une période de 20 ans et rémunérés au taux annuel de 10 p. 100.

Fin de l'année considérée	Dépôts accumulés[a] (si applicable)	Économies d'impôts accumulées	Intérêts accumulés	Valeur accumulée
1	600	N/A	16	616
2	1 200	N/A	93	1 293
3	1 800	N/A	237	2 037
4	2 400	N/A	457	2 857
5	3 000	N/A	758	3 758
6	3 600	N/A	1 149	4 749
7	4 200	N/A	1 640	5 840
8	4 800	N/A	2 239	7 039
9	5 400	N/A	2 958	8 358
10	6 000	N/A	3 810	9 810
11	6 600	N/A	4 806	11 406
12	7 200	N/A	5 962	13 162
13	7 800	N/A	7 294	15 094
14	8 400	N/A	8 819	17 219
15	9 000	N/A	10 556	19 556
16	9 600	N/A	12 528	22 128
17	10 200	N/A	14 756	24 956
18	10 800	N/A	17 267	28 067
19	11 400	N/A	20 089	31 489
20	12 000	N/A	23 254	35 254

[a] Frais de vente, frais administratifs et autres coûts non compris, si applicables.

Pour toute question relative à un plan d'épargne ou à un régime de placement adapté à vos besoins spécifiques, veuillez vous adresser à votre conseiller financier. Les contribuables québécois et canadiens pourront adapter ce tableau à leur situation en ajoutant les économies d'impôt réalisées grâce aux Régimes enregistrés d'épargne-retraite (REER).

Pensées à méditer

Le moyen le plus sûr d'en avoir plus épais dans vos poches consiste à plier vos billets de banque en deux.

Kim Hubbard

Il est parfois agréable de contracter des dettes,
Mais il est toujours pénible de s'en acquitter.

Ogden Nash

La plus grande pauvreté consiste à avoir des dettes.

Thomas Fuller

Comme notre vie devient différente le jour où nous savons vraiment ce qui est important au plus profond de nous-mêmes et où, tout en gardant cette vision à l'esprit, nous faisons en sorte d'être et de faire chaque jour ce qui compte le plus pour nous.

Stephen R. Covey

Le temps atténue le regret engendré par certains actes commis dans le passé ;
mais rien ne peut soulager le chagrin de n'avoir pas mené certaines actions à temps.

Sydney J. Harris

EXERCICE PRATIQUE

1. Avez-vous tendance à temporiser en ce qui concerne les questions d'ordre financier ? Si tel est le cas, dans quels domaines précis ? _____

_____

2. Êtes-vous satisfait de votre niveau d'endettement ? Souhaiteriez-vous changer la situation ? _____

_____

3. Êtes-vous satisfait du montant de vos économies? Souhaiteriez-vous changer la situation? _____

_____

4. Quels objectifs financiers souhaiteriez-vous atteindre cette année? _____

_____

5. Quels objectifs financiers souhaiteriez-vous atteindre d'ici cinq ans? _____

_____

6. Sentez-vous le besoin de consulter un conseiller financier afin de trouver les réponses à ces questions? _____

_____

CHAPITRE 10

La vie est un rêve... réalisable !

Nous temporisons à propos d'une foule de choses, petites et grandes : accomplir certaines corvées, acheter des cadeaux, entretenir des liens avec nos proches, faire des appels téléphoniques importants, respecter certains délais, joindre ou quitter les rangs d'une organisation, etc. Mais le plus triste, c'est que nous tardons généralement à réaliser nos rêves.

Enfoui quelque part au plus profond de notre être se trouve un projet qui nous est cher – l'obtention d'un diplôme universitaire, l'apprentissage de la guitare ou du piano, le démarrage d'une entreprise, l'escalade d'une montagne ou la rédaction d'un livre – et qui attend depuis des lustres de voir le jour... un beau jour. Or, lorsqu'on poursuit inlassablement ses rêves, on puise à une source illimitée d'énergie et d'enthousiasme. Lorsqu'on néglige de le faire, on est envahi par un sentiment de tristesse et on se demande en permanence ce qui se serait produit si on avait osé aller de l'avant. C'est d'ailleurs ce qu'a exprimé John Greenleaf Whittier en ces termes :

> *De tous les propos navrants qui ont pu être dits ou écrits,*
> *Les plus affligeants demeurent : « J'aurais dû... »*

Barbara, qui travaille avec des personnes âgées, est d'avis que la plupart des gens qui arrivent au terme de leur vie regrettent rarement ce qu'ils ont fait au cours de leur vie, aussi stupide ou délirant que cela ait pu être. Par contre, ils regrettent de ne pas avoir osé faire certaines choses et réaliser leurs rêves.

Lorsque vous commencerez à vous défaire de votre habitude de temporiser, vous remporterez progressivement de petites victoires sur vous-même. Savourez-les et soyez-en fier. Une fois que vous serez sur votre lancée, commencez à examiner votre mode de vie actuel. Si, après un tel inventaire, certains en arrivent à la conclusion que leur existence est vide, c'est peut-être parce qu'ils ont trop tardé à choisir la direction qu'ils voulaient prendre. Ils s'enlisent dans la routine quotidienne au point où ils en oublient de se divertir, de voir leurs amis et de planifier leur avenir. Ils se coupent ainsi de leurs rêves.

Qu'est-ce qui compte le plus à vos yeux ? Tout en décidant quels projets importants vous souhaitez réaliser dans votre vie, prenez le temps de définir ce que *vous* entendez par là :

- Avez-vous atteint votre objectif en vous mariant, en fondant une famille ou en décidant de rester célibataire ? Si c'est le cas, vous pouvez être fier de vous.
- Œuvrez-vous dans votre domaine de prédilection ou consacrez-vous le temps voulu à vos loisirs préférés ? Si c'est le cas, vous pouvez être fier de vous.
- Est-ce que vous élevez vos enfants en vue d'en faire des êtres à peu près civilisés qui sauront s'adapter sans trop de difficulté au monde actuel ? Si c'est le cas, vous pouvez *vraiment* être fier de vous.
- Avez-vous fait ou êtes-vous en train de faire l'acquisition de compétences que vous désiriez acquérir ? Si c'est le cas, vous pouvez être fier de vous.
- Avez-vous le bonheur d'avoir des amis et des proches qui vous sont chers ? Si c'est le cas, vous pouvez être fier de vous.

- Avez-vous survécu à un divorce ou à la disparition d'un être cher, ou encore à la maladie, à un échec financier ou à la perte d'un emploi sans perdre pour autant votre équilibre mental ou votre amour-propre? Si c'est le cas, vous pouvez être fier de vous.

QUELLE DIRECTION VOTRE VIE PREND-ELLE?

Lorsque notre vie semble prendre une allure de plus en plus vertigineuse, il importe plus que jamais de marquer un temps d'arrêt et:

- de procéder à un examen sérieux des valeurs qui gouvernent notre vie;
- de renouer des liens avec nos semblables;
- de décider de l'orientation à donner à notre vie et de la manière dont nous comptons utiliser notre temps, notre argent et notre énergie;
- de prendre soin de nous-mêmes et de refaire le plein d'énergie;
- de concevoir un plan d'action;
- de prendre le temps de retrouver le calme et la sérénité;
- de réserver une place à l'amour dans nos vies.

Noël, qui a participé à un de mes séminaires destinés aux étudiants, a raconté aux autres participants une histoire qui montre bien l'importance de faire une pause dans sa vie afin de faire le point et de déterminer la direction à prendre. Un été, alors qu'il travaillait dans un centre équestre, il a découvert une vieille piste abandonnée qui serpentait à travers la pinède et il en a fait part au groupe de touristes qu'il accompagnait. Comme ils étaient enthousiasmés à l'idée de l'emprunter, Noël partit en éclaireur, histoire de s'assurer que le sentier n'était pas encombré par des roches ou des arbres morts. Le groupe avança au petit galop au milieu de la prairie avant d'escalader une colline, d'où les cavaliers voyaient Noël, qui allait et venait tout en bas, à la lisière de la forêt, à la recherche du sentier en question. Du haut de la colline, ils pouvaient discerner à travers les arbres l'endroit où celui-ci commençait, mais Noël, lui, était trop près pour l'apercevoir.

Comme Noël, bien des gens sont tellement occupés à courir dans un sens puis dans l'autre qu'ils pensent qu'ils n'ont pas le temps de s'arrêter et de planifier leurs mouvements. Or, c'est justement lorsqu'ils sont pris par le tourbillon de la vie qu'ils auraient intérêt à faire une pause, à reprendre leur souffle et à prendre du *recul* afin de retrouver leur chemin.

Lorsque vous consultez la liste des 101 choses que vous tardez à accomplir, n'avez-vous pas le sentiment d'avoir remis à plus tard le moment où vous vivrez enfin votre vie ? le moment où vous nouerez des relations avec vos semblables, où vos rêves et vos espoirs se réaliseront ? le moment où vous prendrez le temps de vous amuser, de vous divertir et de vous détendre ?

Le comédien Hal Roach a l'habitude de dire, à la fin de ses spectacles : « Vivez chaque jour comme si c'était le dernier… car un jour ce sera vrai ! » Votre vie file-t-elle à un rythme tel que vous n'avez pas le temps d'en profiter ? Vers quel but foncez-vous ainsi tête baissée ? Qu'espérez-vous accomplir en vous démenant de la sorte ? Quand espérez-vous que la situation s'améliorera ? Quand espérez-vous profiter de la vie ?

CORVÉES D'ENTRETIEN OU ACTIVITÉS ENRICHISSANTES ?

Chacune des listes de choses à faire que vous établissez vous aide à planifier vos actions, lesquelles contribuent à un meilleur emploi de votre temps et, en fin de compte, à vous indiquer la direction à prendre. Les différentes tâches à accomplir s'inscrivent généralement dans l'une ou l'autre des catégories suivantes : corvées d'entretien ou activités enrichissantes.

Les *corvées d'entretien* sont nécessaires au bon fonctionnement de la vie de tous les jours. Certaines de ces tâches doivent être répétées sur une base quotidienne, hebdomadaire ou mensuelle : faire la cuisine, faire le ménage, tondre la pelouse, payer les factures, laver les vêtements, etc.

Les *activités enrichissantes*, qu'elles soient à court ou à long terme, correspondent à ce que vous faites par choix et non par obligation. Je qualifie volontiers d'enrichissantes les activités qui nous donnent justement l'impression d'enrichir notre vie. Exemples : lire un bon livre, rendre visite à un ami, apprendre à jongler, voyager pour son plaisir, assister à un concert ou à une pièce de théâtre, suivre un cours, se rendre au jardin botanique, décorer son appartement, etc. La plupart des choses qui participent à votre enrichissement personnel contribuent également à vous rendre heureux et vous permettent de mieux apprécier la vie. Elles vous procurent un sentiment de plénitude et de satisfaction, en plus de vous donner de l'énergie.

Je vous imagine déjà en train de rouspéter : « J'ai tellement d'obligations que je n'ai jamais le temps de faire des choses que j'aime. »

Dire « je n'ai pas le temps » constitue simplement une excuse de plus pour justifier le fait de temporiser. Si vous consacrez tout votre temps à des tâches routinières qui vous empêchent de vous épanouir, il est grand temps pour vous de changer vos priorités, ainsi que votre mode de pensée et votre manière de planifier. Plus vous êtes débordé de travail et envahi par les responsabilités, plus il est nécessaire pour vous de consacrer du temps à votre développement personnel.

Quand vous vous sentez accablé et éreinté au point de ne plus avoir l'énergie nécessaire pour entreprendre quoi que ce soit, vous devez prendre le temps de rendre visite à un ami, de faire une balade à vélo, d'aller à la pêche, de méditer, d'aller faire un tour au musée ou de simplement faire une promenade.

Comment ? Voici un petit truc : apprenez à insérer des activités agréables à faire entre deux tâches que vous êtes obligé d'accomplir.

ÊTES-VOUS EXTÉNUÉ... OU EN AVEZ-VOUS PLUTÔT ASSEZ DE CE QUE VOUS FAITES ?

Il m'est souvent arrivé de rencontrer des gens en parfaite santé qui se disaient pourtant trop fourbus pour entreprendre quoi que ce soit. Je leur demandais alors si par hasard ils ne s'ennuyaient pas. Une dame répliqua un jour à ma question en exhibant une longue liste de choses qu'elle avait à faire et en ajoutant : « Comment pourrais-je m'ennuyer, alors que je dois courir en tous sens à longueur de journée ? »

Je lui ai alors demandé s'il y avait quelque chose sur sa liste qu'elle prenait plaisir à faire. Elle répondit par la négative. Elle était submergée de corvées, de tâches et de travaux fastidieux. Elle avait plus de choses à faire que nécessaire, mais elle s'ennuyait à les faire.

Si vous êtes d'avis que les jours, les semaines et les mois se succèdent sans que rien de ce que vous accomplissez ne suscite d'enthousiasme en vous, c'est sans doute que vous en avez assez de toujours faire la même chose. Or, l'ennui a un effet démoralisant qui fatigue davantage que tout travail exténuant.

Si vous êtes dans une telle situation, il est temps pour vous de revenir à votre liste de choses à faire et de (re) commencer à vous adonner à un passe-temps, à faire du sport, à jouer d'un instrument de musique, à aller respirer l'air pur à la campagne, à voir des amis, à faire quelque chose qui enrichisse votre vie et, par la même occasion, vous redonne des forces. Comme le dit si bien Norman Vincent Peale, « l'enthousiasme est source d'énergie ».

Combien de fois vous arrive-t-il de songer à revoir de vieux amis ou à passer un peu de temps avec vos proches, sans que vous preniez le temps de le faire ? La meilleure chose à faire consiste à suivre le conseil de Mark Victor Hansen : « Ne l'ancrez pas dans votre esprit, jetez l'encre sur du papier ! » Inscrivez par conséquent sur votre liste ce que vous comptez faire pour reprendre contact avec les êtres qui vous sont chers :

• Envoyer un petit mot à Suzanne.
• Appeler Joseph.
• Inviter Annette à prendre le petit-déjeuner.

En revenant à vos priorités et en agissant en conséquence, vous ajouterez de la joie à une journée qui, autrement, n'aurait été remplie que de corvées ennuyeuses, cela vous donnera un regain d'énergie. Vous pourrez ensuite accomplir vos tâches quotidiennes avec une vigueur accrue et une attitude plus bienveillante et plus ouverte.

Il y a un temps pour accomplir les tâches quotidiennes et un temps pour passer à autre chose. Rappelez-vous qu'il y aura toujours quelque chose à faire, mais que vous ne disposerez pas indéfiniment de temps pour apprécier la compagnie de vos parents et amis. Ne remettez donc pas à demain la possibilité de partager avec eux des moments de plaisir, de détente et de bonheur.

COMMENT TROUVER LE TEMPS DE RÉALISER VOS RÊVES

Il se pourrait que, tout en examinant la liste des choses que vous désirez et que vous devez faire et tout en établissant vos priorités, vous en veniez encore à la conclusion suivante : « Je n'ai pas le temps de réaliser mon vœu le plus cher ! »

Il est possible que vous ayez raison. Il est également possible que les circonstances actuelles ne se prêtent pas à la poursuite de votre objectif. Mais n'y aurait-il pas ne serait-ce qu'une toute petite possibilité pour vous de trouver le temps nécessaire pour y arriver si vous en décidiez ainsi ? Anthony Robbins, l'un de mes auteurs et orateurs préférés, déclare à ce sujet : « C'est dans les moments de décision que se forge votre destin. »

Si vous prenez la décision d'aller de l'avant avec votre projet, vous trouverez vraisemblablement le temps de le concrétiser. Il serait inapproprié d'inscrire votre rêve sur la liste des choses que vous avez à faire dans la journée. Un rêve se compose généralement de multiples étapes, qui vont de la recherche initiale à la réalisation proprement dite, en passant par l'acquisition de connaissances, la collecte de renseignements, la planification et le démarrage du projet. Répondez aux questions suivantes :

1. Mon rêve peut-il se décomposer en éléments plus petits ?
2. Combien de temps ai-je à ma disposition pour m'attaquer à l'un ou l'autre de ces éléments ?

Nous avons vu au chapitre 6 (« Au secours, je suis débordé ! ») comment il était possible d'accomplir des tâches apparemment insurmontables. Les rêves aussi semblent *a priori* impossibles à réaliser, mais, si vous dressez la liste des multiples petites tâches qu'ils impliquent, vous serez peut-être en mesure d'en trouver au moins une à laquelle vous pouvez vous attaquer dès à présent. Catherine, jeune mère de trois enfants en bas âge, a dû se rendre à l'évidence : dans sa situation, il lui serait impossible de poursuivre des études à temps plein. Elle se fixa donc comme objectif d'assister à un seul cours par semestre. Le jour où elle inscrivit le dernier de ses rejetons à l'école, elle avait l'équivalent de deux années d'études derrière elle.

Il vous est peut-être impossible de prendre des leçons de piano actuellement, mais rien ne vous empêche de prendre le temps de faire la tournée des magasins d'instruments de musique, de faire accorder votre vieux piano ou de commencer à chercher un bon professeur de piano.

Il vous manque peut-être du temps pour écrire un roman, mais vous pourriez commencer par suivre un cours de création littéraire, de traitement de texte ou de commercialisation des droits d'auteur.

Examinez bien en quoi votre rêve consiste. Dressez la liste des petites étapes qui vous permettraient de démarrer sans plus attendre. Puis trouvez les moyens d'avoir davantage de temps à votre disposition afin de transformer votre rêve en réalité.

Utilisez vos temps libres à bon escient

Comment utilisez-vous vos temps libres, et en particulier les moments de détente et de repos, y compris vos heures de sommeil? Il est important de dormir, cela va de soi. En moyenne, si l'on en croit la plupart des médecins, il faut de sept à huit heures de sommeil par nuit, bien que les besoins à cet égard puissent varier d'une personne à l'autre. Combien d'heures de sommeil vous faut-il? Vous arrive-t-il parfois de dormir non parce que vous êtes fatigué, mais simplement parce que vous en avez assez de ce que vous faites ?

Combien d'heures passez-vous à regarder la télé ? Si vous restez assis devant votre téléviseur pendant trois heures tous les soirs, cela équivaut à vingt-quatre heures par semaine ou à cent cinq heures par mois.

Je vous imagine déjà en train de protester : « Un instant. Je travaille très fort ! J'ai quand même droit de me changer les idées un peu, non ? » C'est votre droit le plus strict.

En plus d'enseigner la gestion du temps et de donner des séminaires sur la procrastination, je donne aussi des cours sur la gestion du stress. Dans notre monde hyperactif, il est vital de se relaxer afin de conserver son équilibre physique et mental. Mais si vous êtes à la recherche de temps pour poursuivre votre rêve, vérifiez combien de temps vous consacrez à vos moments d'oisiveté et demandez-vous : « Ai-je vraiment besoin de cent cinq heures par mois pour me détendre ? »

Mon objectif n'est pas de vous inciter à renoncer à tous vos moments de détente, loin de là. Mais si vous additionnez le temps que vous passez à vous relaxer, il se peut que vous trouviez là quelques heures par semaine qui pourraient servir à la poursuite de votre rêve.

Profitez du temps où vous devez utiliser les transports en commun

Si vous voyagez en train, en métro ou en autobus pour vous rendre de votre domicile à votre travail et vice versa, vous disposez peut-être là d'une heure ou deux que vous pourriez mettre à profit. L'auteur Scott Turow, qui est également avocat à la cour et dont l'horaire est particulièrement chargé, a ainsi écrit *Présumé innocent* et de nombreux autres romans à succès tout en allant en train à son travail. Si vous êtes à trente minutes du bureau, cela équivaut à une heure de trajet par jour, soit plus de vingt-quatre heures par mois.

Si vous voyagez en voiture, un lecteur de cassettes ou de CD peut vous être d'un grand secours dans la poursuite de votre rêve. Celui-ci peut être intégré au tableau de bord, ou vous pouvez utiliser un magnétophone portatif que vous branchez dans l'allume-cigare. Si vous voyagez en autobus, en métro ou en train, servez-vous d'un baladeur doté d'écouteurs. Acheter des cassettes ou des CD en grande quantité peut revenir extrêmement cher; par conséquent, empruntez-les à la médiathèque de votre quartier. Si les sujets qui vous intéressent ne s'y trouvent pas, demandez à votre bibliothécaire de les emprunter à une autre bibliothèque.

Voici l'exemple de trois personnes qui ont su tirer profit des heures passées à faire la navette entre leur domicile et leur lieu de travail.

Vice-présidente de société, Carole envisageait de passer ses vacances en Allemagne. Six mois avant son départ, elle s'est procuré un cours de langue allemande enregistré sur CD qu'elle écoutait dans sa voiture. Elle a dû les réécouter l'un après l'autre à plusieurs reprises avant d'obtenir des résultats, mais elle avait acquis une solide connaissance de base de cette langue au moment de partir en vacances.

Une serveuse du nom de Jocelyne, qui déteste son boulot, a entrepris de vendre des produits à domicile au cours de réceptions organisées à cette fin, dans l'espoir de gagner ainsi sa vie à temps plein. Elle emprunte à la bibliothèque de son quartier diverses cassettes de motivation qu'elle écoute grâce à son baladeur chaque fois qu'elle se rend en autobus à son travail. Ses affaires sont en pleine expansion et Jocelyne se fait depuis un devoir et une joie, pendant les longs trajets qu'elle doit parcourir, d'écouter les bons conseils que divers experts en marketing et en entreprise ont enregistrés sur cassettes. Elle envisage de quitter son emploi actuel à la fin de l'année et de se lancer à temps plein dans sa nouvelle carrière.

Un bricoleur du nom de José rêvait d'acquérir une maison en mauvais état, de la retaper puis de la revendre. Il a bel et bien réussi à trouver la «maison de ses rêves», mais il a attendu cinq ans avant d'entreprendre de la rénover. Il écoute désormais des cassettes de «pensées positives» chaque fois qu'il doit faire le trajet, d'une durée de quarante-cinq minutes, entre chez lui et son travail et inversement. Il y puise l'inspiration dont il a besoin, selon ses dires, pour consacrer quelques heures par soir, plusieurs fois par semaine, à bricoler dans sa fameuse maison après son travail.

> Au lieu de maudire le temps passé à faire la navette
> entre votre travail et votre domicile,
> trouvez le moyen de l'utiliser à votre avantage.
>
> *Ted Schwarz*, Time Management for Writers
> (La gestion du temps à l'usage des écrivains)

Êtes-vous avide de lire tous les grands classiques de la littérature, ou tout simplement quelque bon roman populaire? Plusieurs sont offerts en enregistrements sonores.

Souhaitez-vous accroître vos connaissances en matière de gestion du temps? apprendre à mieux maîtriser le stress? développer votre créativité? apprendre à négocier? écouter de la musique? approfondir certaines techniques de vente? explorer le monde de la spiritualité? lancer votre propre entreprise? approfondir vos connaissances d'une culture étrangère? De nombreuses bibliothèques et médiathèques disposent de magnifiques documents sonores sur ces questions et sur quantité d'autres sujets.

PARTAGEZ VOS CONNAISSANCES AVEC VOTRE ENTOURAGE

Lorsque vous commencerez à vaincre la procrastination, n'hésitez pas à partager vos réussites avec vos proches et à leur faire part des techniques qui vous ont conduit au succès.

Le jour où mon amie Julie et trois de ses enfants se sont rendus à dos de mulet jusqu'au fond du Grand Canyon, sa fille Anne, devenue adolescente, s'est exclamée : « Tu n'arrêtais pas de nous en parler depuis que je suis gamine. Eh! bien, qui sait si je ne réaliserai pas mes rêves un jour, moi aussi. » De tous les présents que nous puissions offrir à nos enfants au cours de notre vie, en voilà un qui en vaut vraiment la peine : leur transmettre la conviction que leurs rêves peuvent devenir réalité.

Il arrive parfois qu'on me demande quoi faire pour inciter un proche à cesser de temporiser.

Si votre objectif, en lisant ce livre, est de convaincre certaines personnes de votre entourage de changer de comportement, vous n'obtiendrez guère de succès, à moins qu'*elles* ne sentent le besoin de le faire. Vous aurez plus de chance si vous expliquez à certains temporisateurs quelques-uns des concepts développés ici ou si vous les invitez à lire le présent ouvrage. Le fait de mieux comprendre les mécanismes de la procrastination pourra par ailleurs vous aider à avoir une meilleure influence sur les temporisateurs de votre connaissance. Mais n'oubliez pas : il appartient aux temporisateurs de prendre eux-mêmes la décision de mettre un terme à leurs atermoiements.

COMMENT MENER LA VIE DONT VOUS AVEZ TOUJOURS RÊVÉ

Même ceux qui n'ont pas l'habitude de temporiser – les antitemporisateurs – rêvent en secret de rédiger une lettre qu'ils n'ont jamais osé écrire ou de faire le ménage dans de vieux documents qu'ils conservent précieusement. Personne ne parvient à réaliser tous ses désirs, mais les antitemporisateurs, eux, font en sorte d'accomplir ce qui est important à leurs yeux.

Pour Catherine, qui dirige le service du contentieux d'une importante société, la différence entre un temporisateur et un antitemporisateur se résume à une affaire de maîtrise de soi. Lorsqu'elle avait l'habitude de temporiser, les situations lui échappaient. Elle était incapable de savoir ce qu'elle parviendrait à accomplir ou non. Elle craignait de se porter volontaire pour quoi que ce soit, car elle redoutait de ne pouvoir terminer à temps ce qu'on allait lui demander. Son estomac se nouait dès qu'une échéance approchait. Les paumes de ses mains devenaient moites chaque fois qu'elle devait faire un appel téléphonique difficile.

Ce sentiment d'impuissance a maintenant disparu. « Les choses que je n'ai pas encore réalisées sont celles qui ne me dérangent pas, affirme Catherine. Toutes celles que je juge importantes vont se réaliser, car je les inscris sur la liste de mes priorités. Quels que soient les moyens à prendre ou les astuces auxquelles je devrai recourir, ce qui doit être fait le sera. »

Tout comme Catherine, vous pouvez vaincre la procrastination et prendre votre vie en main. Vous éprouverez alors un merveilleux sentiment de confiance en vous. Et plus vous aurez confiance en vos moyens, plus vous serez en mesure de relever des défis importants, comme perdre du poids, cesser de fumer, entreprendre une thérapie contre la passion du jeu, l'alcoolisme ou toute autre forme de toxicomanie ou de dépendance qui détruit votre vie. Le succès conduit au succès ; les petites réalisations en engendrent de plus grandes.

Certes, vous ne surferez pas tous les jours sur le sommet de la vague même si vous cessez de temporiser. Vous connaîtrez des hauts et des bas là comme ailleurs. Les champions de la pensée positive, de la spiritualité, de l'estime de soi et j'en passe connaissent tous des moments sublimes où ils ont l'impression d'avoir fait d'énormes progrès et atteint leurs objectifs ; mais tous connaissent aussi des moments de découragement où ils ont le sentiment d'avoir échoué dans leurs entreprises.

Certains jours, vous réussirez à accomplir les choses avec une telle facilité que vous en oublierez même l'existence du mot *procrastination*; d'autres jours, vous serez forcé d'admettre que vous avez recommencé à laisser traîner les choses.

Ne paniquez pas. Ne vous laissez pas décourager. Si vous avez l'impression de retomber dans vos vieilles habitudes, voici quelques idées susceptibles de vous remettre sur la bonne voie. Peut-être d'ailleurs feront-elles naître d'autres idées en vous.

- Pour commencer, exprimez vos soucis à voix haute. Confiez à quelqu'un : «J'ai appris à être quelqu'un d'efficace et d'organisé, mais j'ai recommencé récemment à temporiser et je déteste cela.» Décrivez la tâche que vous tardez à accomplir et déterminez quelles sont les mesures à prendre pour parvenir à vos fins.
- Prenez la peine de feuilleter ce livre à nouveau, histoire de «recharger vos batteries». Un passage surligné ou souligné pourrait constituer le déclencheur dont vous avez besoin.
- Essayez de dresser la liste des choses que vous avez à faire.
- Cherchez la récompense qui vous encouragera à finir.
- Déterminez si vous redoutez simplement de vous mettre en route.
- Attelez-vous à la tâche pendant une heure, en vous chronométrant à l'aide d'un minuteur.
- Inscrivez sur une fiche que vous collerez sur votre frigo un message destiné à vous stimuler, tel que : «Finis ce que tu as commencé!» Ou écrivez sur une carte que vous insérerez dans votre portefeuille : «Recherche l'excellence, pas la perfection.»
- Vérifiez s'il n'y a pas une peur enfouie en vous qui vous empêche d'aller de l'avant.
- Décomposez le travail à accomplir en tâches moins importantes.
- Trouvez un moyen de rendre votre travail plus agréable, soit en écoutant de la musique, soit en travaillant au grand air ou en compagnie d'un ami.
- Bombardez-vous de pensées positives; faites voler en éclats les excuses et les prétextes qui viennent limiter vos capacités.

Évitez cependant de vous faire des reproches. Si vous êtes dans l'erreur, vous finirez bien par corriger le tir. Un des principaux changements à être survenus dans ma vie depuis que je suis passée dans le camp des temporisateurs qui se soignent, c'est que je n'attends plus, pour être heureuse, que disparaissent les moments de tension, que prennent fin les périodes de grande activité ou que se règlent tous mes problèmes. Pour moi, le bonheur n'existe pas dans un avenir hypothétique ; je le saisis à bras-le-corps, tout comme je m'efforce d'aimer la vie et de vivre au maximum ici et maintenant. Et rien ne vous empêche d'en faire autant.

Vous *pouvez* cesser de temporiser. N'oubliez pas la loi d'Emmett : On dépense davantage de temps et d'énergie en vivant dans la crainte d'une tâche à accomplir qu'en l'accomplissant tout bonnement. Alors, foncez et commencez enfin à mener la vie extraordinaire dont vous avez toujours rêvé. Vous le méritez !

Pensées à méditer

C'est avec un soupir que je raconterai,
Quelque part dans très longtemps :
Deux routes divergeaient dans une forêt, et moi…
J'ai emprunté la moins fréquentée des deux,
Et cela fit toute la différence au monde.
            Robert Frost, extrait de Le chemin le moins fréquenté

Il faut trois choses importantes pour être heureux :
quelque chose à faire,
quelque chose à aimer,
quelque chose à espérer.

                                            Joseph Addison

Il y en a certains à qui on a déjà construit de magnifiques pistes d'envol ; si c'est votre cas, envolez-vous. Sinon, munissez-vous d'une pelle et construisez votre propre piste.

                                            Amelia Earhart

Car je connais les projets que j'ai formés pour vous, dit l'Éternel, projets de paix et non de malheur, afin de vous donner un avenir et de l'espérance.

Jérémie 29,11

Les buts sont des rêves assortis d'une date d'échéance.

Dottie Walters

Votre vie représente l'offrande que le Seigneur vous a faite ;
Ce que vous en faites représente votre offrande au Seigneur.

Auteur inconnu

Si un être se dirige en toute confiance dans la direction que lui indiquent ses rêves et s'il entreprend de mener la vie qu'il a imaginée, il connaîtra un succès inattendu en temps normal.

Henry David Thoreau

EXERCICE PRATIQUE
(Deux questions susceptibles de vous faire réfléchir et un poème.)

1. À quoi souhaitez-vous que ressemble votre contribution au monde?

2. En quoi votre passage sur la terre aura-t-il servi à faire de ce monde un monde meilleur?

La nuit, comptez les étoiles plutôt que les ombres
Le jour, comptez les sourires plutôt que les larmes
Et le matin de votre anniversaire,
Comptez vos amis plutôt que vos années.

Auteur inconnu

Table des matières

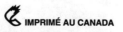
IMPRIMÉ AU CANADA